ZEITREISE DINOSAURIER

Nick Forshaw und **Andy Forshaw**

NATIONAL GEOGRAPHIC KiDS

Titel der Originalausgabe: *Explorer - Dinosaurs!*

Deutsche Ausgabe veröffentlicht von: © 2019 White Star Srl, Italien,
Lizenznehmer von: National Geographic Partners, LLC.

Producing: SAW Communications, Redaktionsbüro Dr. Sabine A. Werner, Mainz
Übersetzung: Katja Baier für SAW Communications

ISBN 978-88-540-4352-7
1 2 3 4 5 6 23 22 21 20 19

Gedruckt in China

Text: Nicholas Forshaw, Patrick Skipworth und Christopher Lloyd.
Illustration: Andy Forshaw.
Buchgestaltung: Andy Forshaw und Assunção Sampayo.

INHALT

BEAUFTRAGTER AGENT: Agent Eagle

IHRE MISSION: Agent Eagle, die Explorer-Zentrale benötigt dringend einen Bericht über Dinosaurier. Brechen Sie umgehend auf, und erkunden Sie jede urzeitliche Kreatur, die Sie finden können.

Ich bin Eric Eagle, leitender Bibliothekar des Eagle-Eyed Explorer Clubs. Für den Club bin ich als Sonderermittler im Einsatz – mein Codename: Agent Eagle.
Meistens findet man mich im Untergeschoss der Bibliothek beim Sortieren der Atlanten. Aber mein Rucksack ist stets gepackt, falls der Club mich auf eine eilige Mission schickt. Der nächste Auftrag kann jederzeit kommen.

PERSONALRAUM
BIBLIOTHEK
DINOSAURIER!
Checkliste für die Mission
1 Notizbuch für Entdeckungen
1 Lupe
1 Fernglas
1 Taschenlampe
1 tragbare Zeitmaschine
1 belegtes Brot (Schinken und Käse)
Atlantischer Ozean
Meine neueste Mission ist nicht nur streng geheim, sondern auch sehr gefährlich. Der Club hat mich damit beauftragt, umgehend einen Bericht über die Geschichte der Dinosaurier zu verfassen. Dafür muss ich Jahrmillionen in der Zeit zurückreisen.

EXPLORATIONS
ON EARTH HAPPENED?
SUPERASER PRO
Meine Entdeckungen werde ich in einem Tagebuch festhalten. Zusätzlich werde ich eine Zeitleiste von den Anfängen bis zum tragischen Ende der Dinosaurier erstellen.
Keine Zeit zu verlieren. Seid ihr bereit? Dann los!

1. WAS SIND DINOSAURIER?

NYASASAURUS

„Die Dinosaurier waren urzeitliche Echsen, die entfernt mit heutigen Reptilien wie den Eidechsen verwandt sind. Sie lebten vor 176 Mio. Jahren. Das ist schwer vorstellbar für uns Menschen, die wir gerade einmal seit etwa 200 000 Jahren die Erde bevölkern. Was weiß man über die ersten Dinosaurier? Wer hat die Dinosaurier entdeckt? Woher kommt der Name „Dinosaurier"? Und wie identifiziert man das Fossil eines Dinosauriers?"

Geheimnisvolle Hinweise in urzeitlichen Knochen

Die Entdeckungsreise in die Geschichte der Dinosaurier startet am sandigen Ufer des Malawisees im Süden Tansanias (Afrika).

Paläontologen (Wissenschaftler, die sich mit der Erforschung urzeitlicher Lebewesen beschäftigen) fanden hier in den 1930-Jahren einen Arm- und verschiedene Wirbelknochen, die sie nicht eindeutig zuordnen konnten.

Ein Knochenkamm am Arm deutete auf eine kräftige Kreatur mit starken Muskeln hin. Obwohl der Knochen dem eines Reptils ähnelte, glich sein Aufbau mehr dem Skelett eines Vogels oder Säugetiers. Über der Hüfte waren drei Wirbel miteinander verschmolzen, im Gegensatz zu modernen Reptilien mit nur zwei Wirbeln. Welchem Lebewesen mochten diese Knochen gehört haben?

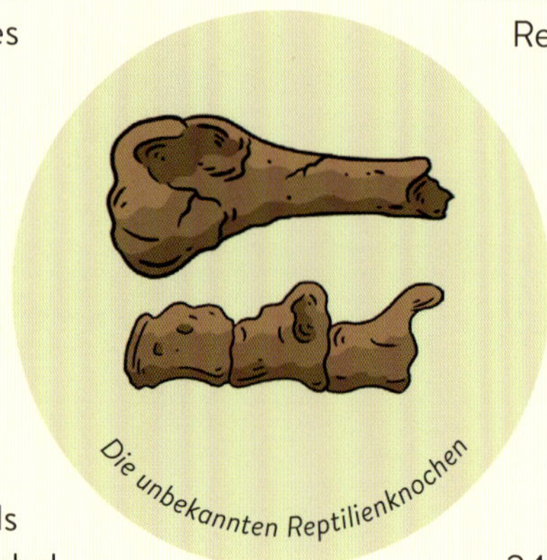

Die unbekannten Reptilienknochen

Verschiedene Wissenschaftler kamen, allerdings erst 2012, zu dem gleichen aufregenden Ergebnis. Sie hatten diese Art von Hinweisen schon einmal gesehen und wussten, was vor ihnen lag: Es war urzeitlich, es war einzigartig – es war ein Dinosaurier!

Nyasasaurus, wie diese geheimnisvolle Kreatur benannt wurde, ist heute vermutlich der älteste je entdeckte Dinosaurier. Er lebte vor etwa 240 Mio. Jahren im Zeitalter der Trias.

Eine Entdeckungsgeschichte

Nyasasaurus mag zwar der älteste entdeckte Dinosaurier sein, die Menschen haben jedoch lange vor ihm fossile Spuren von Dinosauriern ausgegraben. 1676 sind Menschen in Oxfordshire auf Knochen gestoßen, die größer als die Knochen aller bis dahin bekannten Lebewesen waren. Einige meinten, es handele sich um Knochen römischer Elefanten, andere waren überzeugt, sie gehörten einem Riesen aus biblischen Zeiten.

Erst im Jahr 1822 ordnete der britische Paläontologe William Buckland die Knochen, unter denen sich auch ein riesiger Zahn befand, einer Kreatur namens *Megalosaurus* zu, einem gigantischen, aber längst ausgestorbenen Reptil!

William Buckland – Dinosaurierjäger

IGUANODON

EXPLORER-NOTIZ: Arten aus der Gattung Iguanodon

Neue Namen für urzeitliche Funde

Zwanzig Jahre später erkannte der britische Biologe Richard Owen Ähnlichkeiten zwischen *Megalosaurus*, *Iguanodon* und *Hylaeosaurus*. Er ordnete alle drei einer Gruppe ausgestorbener Reptilien zu, die er *Dinosaurier* nannte. Das bedeutet so viel wie „schreckliche Echsen". Aber weder waren Dinosaurier Echsen, noch waren sie alle schrecklich!

Biologen geben Tieren und Pflanzen wissenschaftliche Namen, um zu zeigen, wie sie miteinander verwandt sind. Eine verwandte Gruppe von Lebewesen mit bestimmten Gemeinsamkeiten wird „Gattung" genannt. Innerhalb dieser unterscheiden sich wiederum einige Individuen und begründen eigene „Arten". So teilen Dinosaurier der Gattung *Iguanodon* bestimmte Eigenschaften, wohingegen *Iguanodon dawsoni* eine eigene Art begründet, also ein *Iguanodon* mit eigenen spezifischen Merkmalen ist.

„Blättere um und erfahre, wie Dinosaurierfossilien bestimmt werden!"

Wie sieht ein Dinosaurier aus?

Dinosaurier entwickelten sich in allen Formen und Größen. Paläontologen müssen bei der Bestimmung eines Fossils daher sehr genau hinschauen. *Giganotosaurus* war ein riesiges Raubtier mit rasierklingenscharfen Zähnen und kräftigen Hinterbeinen. *Lambeosaurus* hatte einen großen Knochenkamm auf dem Kopf. Vermutlich verstärkte er damit Laute bei der Partnersuche. *Argentinosaurus* lief auf allen vieren und hatte einen langen Hals. Vom Kopf bis zum Schwanzende maß er bis zu 30 Meter. Andere Dinosaurier waren dagegen „winzig". *Compsognathus* war einen Meter groß und hatte damit die perfekte Größe, um im Dickicht Eidechsen zu jagen.

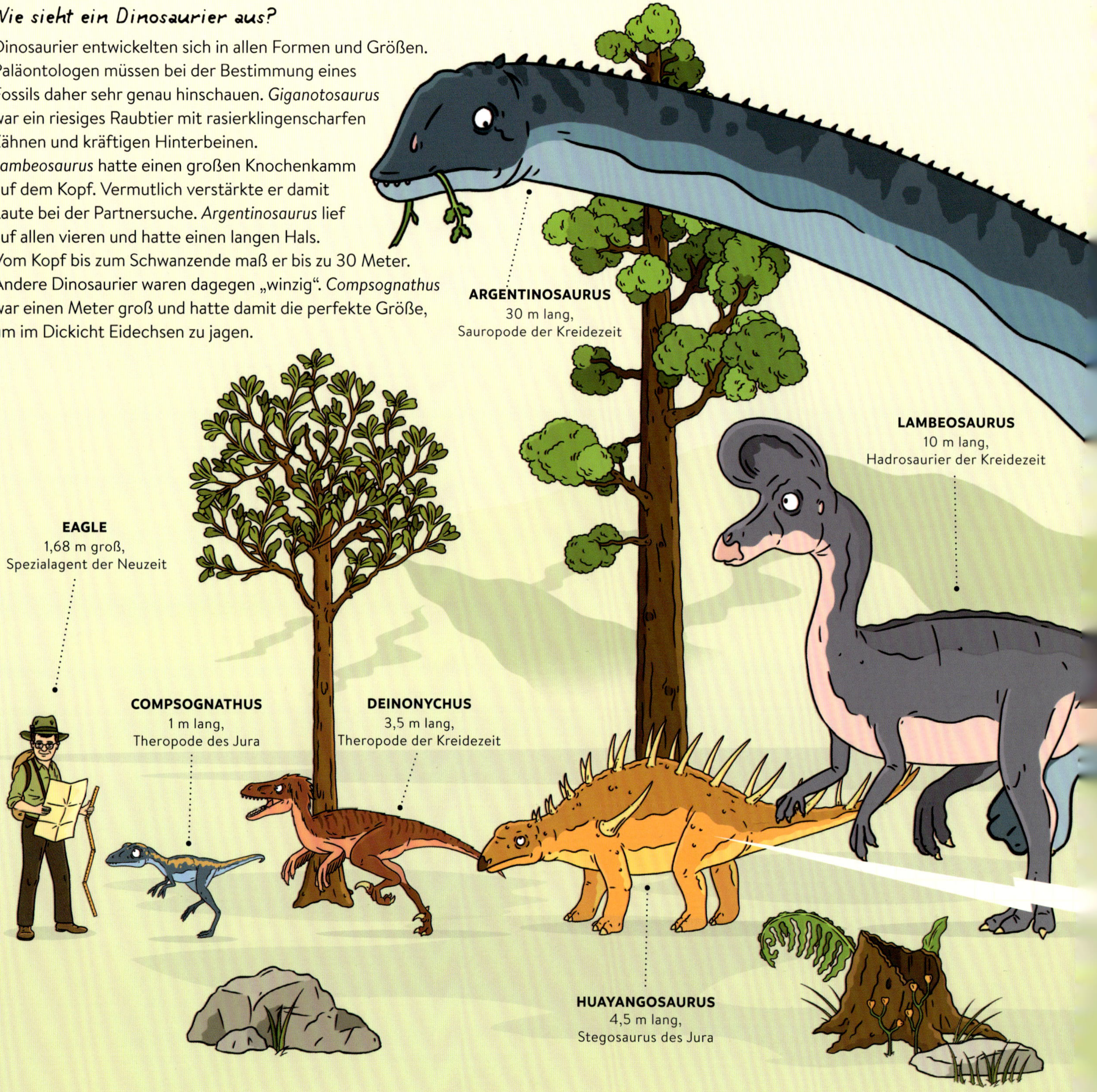

Woher weiß man, dass es ein Dinosaurier ist?

Ob ein Fossil von einem Dinosaurier stammt, lässt sich herausfinden, indem man es mit dem Skelett eines Reptils vergleicht. Heutige Echsen wie Schildkröten oder Komodowarane haben seitlich abstehende Beine zum Kriechen. Die Beine von Dinosauriern sind hingegen gerade gestreckt. Mit ihnen konnten Räuber wie der *Deinonychus* schneller die Verfolgung der Beute aufnehmen. Außerdem sind sie ein wichtiges Indiz für Paläontologen bei der Entscheidung, ob es sich um einen Dinosaurier handelt!

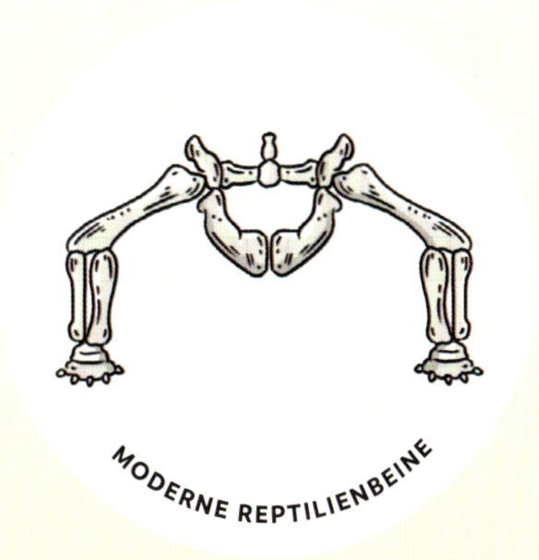

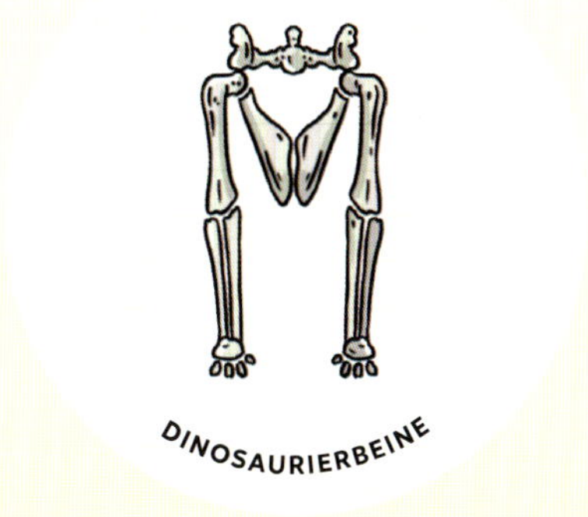

Was ist der große Unterschied?

Abhängig von der Form ihrer Hüftknochen werden Dinosaurier in zwei Ordnungen unterteilt. Dinosaurier wie der *Huayangosaurus* gehören zu den Vogelbeckensauriern (Ornithischia). Dinosaurier wie der *Giganotosaurus* werden den Echsenbeckensauriern (Saurischia) zugordnet. Anhand der Hüftknochen lässt sich ein Fossil jeweils einer der beiden Gruppen zuordnen. Wissenschaftler rätseln bis heute über den Grund, warum sich beide Ordnungen unterschiedlich entwickelten.

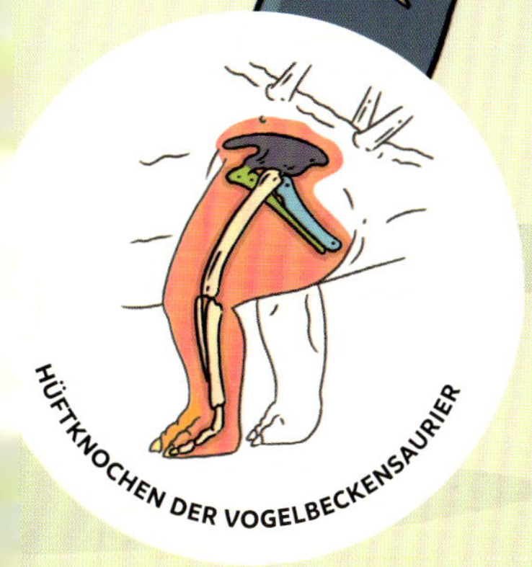

2. DIE ERSTEN DINOSAURIER

LILIENSTERNUS

„Wir haben bereits gelernt, wie Paläontologen Fossilien identifizieren. Um Dinosaurier wirklich zu verstehen, müssen wir ihr Leben näher betrachten. Beginnen wir in der Trias vor 240 Mio. Jahren, als die ersten Dinosaurier auftauchten. Wie sah die Welt damals aus? Welche Gegner stellten eine Bedrohung für sie dar? Wie veränderten sich Dinosaurier im Laufe der Zeit? Und wovon ernährten sie sich – oder waren sie diejenigen, die gefressen wurden?"

Willkommen im Zeitalter der Trias

Beginnen wir unsere Nachforschungen am südlichen Ende von Pangaea – dem Superkontinent, in dem in der Periode der Trias alle Landmassen der Erde vereint waren. Mit der Zeit brach Pangaea auseinander, und es formten sich neue Kontinente. Pangaeas südliche Teile wurden zum heutigen Südamerika und Afrika.

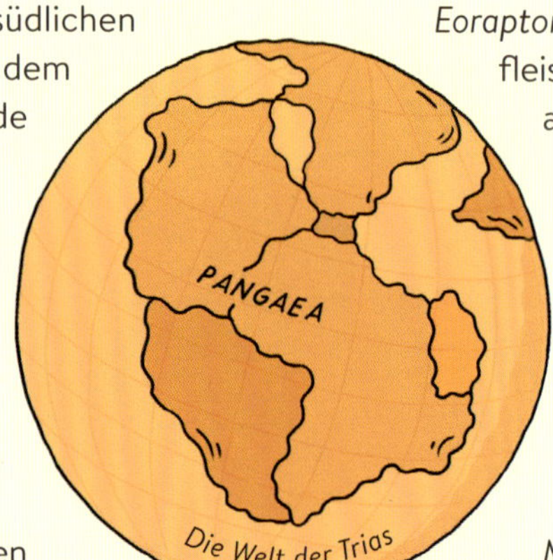

Die extremen Temperaturen im Zentrum von Pangaea stellten die Lebewesen vor große Herausforderungen. An den Küsten war es etwas kühler. Dort wuchsen feuchte Wälder mit Nadelbäumen und Farnen. Zwischen den tief hängenden Ästen und Zweigen lagen frühe Dinosaurier wie der *Eoraptor* auf der Lauer. Der kleine, etwa einen Meter lange, fleischfressende *Eoraptor* lebte vor 230 Mio. Jahren auf Pangaea. Er lief auf zwei Beinen, hatte einen schlanken Körper und einen langen Schwanz. Dieser half ihm dabei, die Balance zu halten, wenn er seiner Beute hinterher flitzte.

Etwa zehn Millionen Jahre später waren weitere flinke, langschwänzige Dinosaurier auf zwei Beinen wie *Liliensternus* bei der nächsten Mahlzeit zu beobachten. Auf dem Kopf trug er einen markanten Knochenkamm und in seinem Maul vermutlich ein kleines Reptil – die Lieblingsspeise einiger Fleischfresser aus der Zeit der Trias!

Coelophysis *vs.* Postosuchus

Kampf der Reptilien

Frühe Dinosaurier wie *Eoraptor* und *Liliensternus* waren vermutlich flinke Jäger, an der Spitze der triassischen Nahrungskette standen sie aber eher nicht. Hier dominierten größere, stärkere Reptilien, die die Dinosaurier auf ihrem Speiseplan führten.

Eines dieser Reptilien war der *Postosuchus*, ein riesiger, kräftiger Räuber mit rauer schuppiger Haut, der enger mit heutigen Krokodilen als mit den Dinosauriern verwandt war. *Postosuchus* wurde bis zu fünf Meter lang und damit doppelt so groß wie die ersten Dinosaurier. Selbst größere triassische Dinosaurier wie der *Coelophysis* waren gegen die riesigen Zähne und den Kiefer des *Postosuchus* chancenlos.

Alles verändert sich!

Die ersten Dinosaurier waren kleine, zweibeinige Jäger. Millionen Jahre später liefen einige von ihnen auf vier Beinen. Manche hatten lange Hälse, während andere Hautsegel auf dem Rücken trugen. Diese Vielfalt veranschaulicht, wozu Evolution führten kann.

Evolution ist ein fortwährender Entwicklungsprozess, bei dem die am besten angepassten Lebewesen die besten Überlebenschancen haben. Diese Anpassungserscheinungen sind die Folge zufälliger genetischer Veränderungen von einer Generation zur nächsten. Gene enthalten die Grundinformationen für die Entwicklung jedes Lebewesen – auch der von dir!

So könnte eine genetische Veränderung eine Art mit kräftigeren Kiefern hervorbringen, bei der Arme und Beine im Laufe der Zeit immer schwächer wurden, da sie beim Beutefang nicht länger nötig waren. Individuen mit nützlichen Genen haben bessere Überlebenschancen und gebären Nachkommen mit dem gleichen genetischen Merkmal. Weniger angepasste Arten sterben aus.

ANPASSUNG

EXPLORER-NOTIZ: *Entwicklung von Dinosaurierarmen*

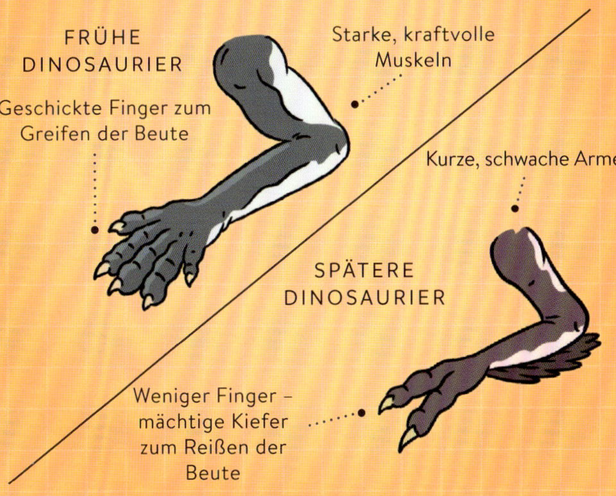

„Blättere um und erfahre, wie sich die Ernährung der Dinosaurier veränderte!"

Veränderte Essgewohnheiten

Eine anständige Mahlzeit ist überlebenswichtig. Dinosaurier der frühen Trias waren eher klein, schnell und fraßen Fleisch. Doch die Atmosphäre der Erde begann sich zu verändern, was das Wachstum von Pflanzen und Bäumen begünstigte. Mit der Veränderung der Welt veränderten sich auch die Dinosaurier. Pflanzenfressende Dinosaurier entwickelten sich, die sich von der neuen grünen Pracht ernährten. Einige Dinosaurier fraßen sowohl Pflanzen als auch Fleisch, sogenannte Allesfresser. Dinosaurier entwickelten sich auf unterschiedlichste Art und Weise, um niemals Hunger leiden zu müssen.

HERRERASAURUS ⁝ TRIAS ⁝ FLEISCHFRESSER

EXPLORER-NOTIZ: Gezackte Zähne zum Zerreißen der Beute

Obwohl recht groß für die Trias, war der sechs Meter lange *Herrerasaurus* ein flinker, wendiger Räuber auf zwei Beinen und wie viele frühe Dinosaurier ein schneller Läufer. Hatte er ein mögliches Beutetier – ein kleines Reptil oder einen Dinosaurier – ausgemacht, setzte er zum Sprung an, griff es mit den Klauen, und biss mit scharfen, gezackten Zähnen zu.

ZEITPUNKT: vor 231 Mio. Jahren

PLATEOSAURUS ⁝ TRIAS ⁝ PFLANZENFRESSER

EXPLORER-NOTIZ: 4 m langer Hals zum Erreichen hoher Baumkronen

Während einige Dinosaurier in der Obertrias weiterhin den Waldboden nach Eidechsen absuchten, entwickelten sich pflanzenfressende Dinosaurier in viel größerem Maßstab. Hätte sich der zehn Meter lange *Plateosaurus* auf die Hinterbeine gestellt, wäre er größer als ein zweistöckiges Haus gewesen! Mit dem langen Hals erreichte er die Blätter hoher Bäume problemlos, die sein großer Magen dann verdaute.

ZEITPUNKT: vor 214 Mio. Jahren

BRACHIOSAURUS ⁝ JURA ⁝ PFLANZENFRESSER

EXPLORER-NOTIZ: In seinem großen Magen goren Pflanzen.

Der triassische *Plateosaurus* hatte einen langen Hals, der jurassische *Brachiosaurus* ging noch einen Schritt – oder vielmehr zwei – weiter mit seinen Vorderbeinen, die länger als die beiden Hinterbeine waren. Dank ihnen sowie dem neun Meter langen Hals konnte der 25 Meter lange Vierbeiner die saftigsten Blätter der höchsten Baumkronen erreichen. In seinem kräftigen Magen wurde die Nahrung anschließend über Wochen verdaut bzw. „gegärt“, um all die gesunden Nährstoffe herauszufiltern.

ZEITPUNKT: vor 154 Mio. Jahren

HETERODONTOSAURUS ⁞ JURA ⁞ ALLESFRESSER

EXPLORER-NOTIZ: *Zerhackte, kaute und mahlte die Nahrung*

Der 1,5 Meter lange, zweibeinige Dinosaurier nutzte seinen scharfen Schnabel zum Abhacken von Blättern. Mit den festen Schneidezähnen biss er Äste und Pflanzenteile ab, und mit den kräftigen Backenzähnen zermahlte er jeden noch so harten Bissen. Und falls einmal keine Blätter auf dem Speiseplan standen? Als Allesfresser zerstieß *Heterodontosaurus* vielleicht mit den hauerförmigen Zähnen einen Ameisenbau und labte sich stattdessen an einem Berg Insekten.

ZEITPUNKT: *vor 195 Mio. Jahren*

TROODON ⁞ KREIDEZEIT ⁞ ALLESFRESSER

EXPLORER-NOTIZ: *Sein großes Gehirn half vermutlich beim Beutefang.*

Einige Dinosaurier zerrissen ihre Beute mit scharfen Zähnen, andere nutzten ihren langen Hals zum Erreichen saftiger Blätter. Aber manchmal ist es hilfreich, innezuhalten und nachzudenken. *Troodon* hatte für eine Körpergröße von 2,5 Meter ein großes Gehirn. Paläontologen meinen, dass er überdurchschnittlich intelligent war. Zudem hatte er ein sehr gutes Sehvermögen. Der kluge Jäger lauerte wohl auf Beute, beobachtete sie und schlug im richtigen Moment mit scharfen sichelförmigen Klauen zu.

ZEITPUNKT: *vor 75 Mio. Jahren*

NIGERSAURUS ⁞ KREIDEZEIT ⁞ PFLANZENFRESSER

EXPLORER-NOTIZ: *Nutzte den staubsaugerförmigen Schädel mit 100 Zähnen zum Aufsaugen von Pflanzen*

Es gleicht schon einem Wunder, dass *Nigersaurus* durch das über und über mit Zähnen besetzte Maul überhaupt Nahrung aufnehmen konnte. Der Kiefer des zehn Meter langen Vierbeiners war mit 100 Zähnen ausgestattet, von denen jeder acht Ersatzzähne in petto hatte. Das flache, rechteckige Maul war so gebaut, dass er damit problemlos Nahrung vom Waldboden aufsaugen konnte.

ZEITPUNKT: *vor 105 Mio. Jahren*

3. DINOSAURIERHERRSCHAFT

STEGOSAURUS

„Als die Dinosaurier in der Trias vor 240 Mio. Jahren erschienen, waren die meisten klein und liefen Gefahr, von anderen Reptilien gefressen zu werden. Etwa 95 Mio. Jahre später, gegen Ende der Periode der Trias, hatten sie Eigenschaften entwickelt, die sie zu den Herrschern der Erde machten. Wie war das Leben im Jura? Wie verbreiteten sich die Dinosaurier über den gesamten Erdball? Was haben Dinosauriereier damit zu tun? Und wie haben sich die Dinosaurier im Laufe der Zeit weiterentwickelt?"

Die Welt des Jura

Zu Beginn des Jura war das Klima mild und feucht. Der Superkontinent Pangaea hatte sich in zwei Hälften geteilt: Die südliche Landmasse wurde Gondwana genannt, die nördliche Landmasse hieß Laurasia. Riesige Ozeane füllten die Spalten zwischen den beiden Großkontinenten.

Jurassische Dinosaurier waren die Bewohner dieser neuen Welt. Die kargen felsigen Flächen wurden zunehmend von grünen Feldern aus Farnen und Nadelhölzern bedeckt. In jedem Winkel der Erde waren die Dinosaurier auf dem Vormarsch.

Der neue Überfluss an Pflanzen und Vegetation führte zur Entwicklung immer größerer Dinosaurier.

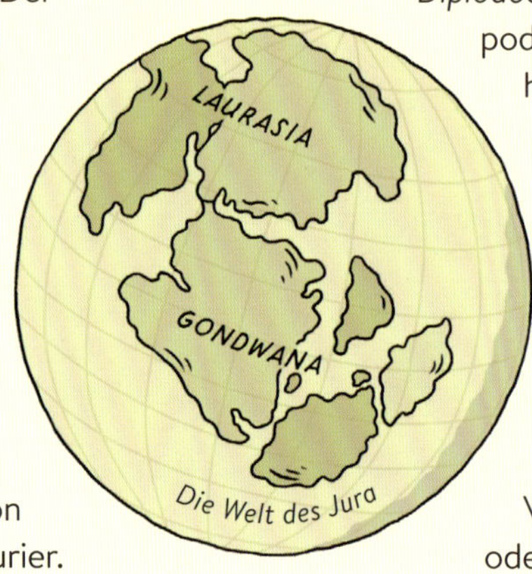

Die Welt des Jura

Diplodocus, ein langhalsiger, pflanzenfressender Sauropode, wuchs auf stattliche 27 Meter Körperlänge heran – die riesige Körpermasse bot vermutlich einen idealen Schutz vor Angriffen.

In großer Zahl entwickelten sich neue Arten mit vielfältigen Merkmalen, die ihnen das Überleben sicherten. Der vierbeinige *Stegosaurus* hatte etwa große Platten auf dem Rücken und einen mit Spießen besetzten Schwanz. Bereits der Anblick der Rückenplatten hat die meisten Angreifer vermutlich in die Flucht geschlagen. Vielleicht dienten sie zusätzlich der Partnersuche oder der Temperaturregulierung.

Von Pol zu Pol

Panzerplatten sicherten Dinosauriern wie dem *Stegosaurus* das Überleben, aber es gab noch einen weiteren Grund für die erfolgreiche Ausbreitung der Dinosaurier über den gesamten Erdball. Möglicherweise aufgrund der sich verändernden klimatischen Bedingungen starben konkurrierende Reptilien und andere Lebewesen am Ende der Trias in großer Zahl aus. Die frei werdenden Lebensräume und Nahrungsmittel konnten die Dinosaurier kampflos übernehmen. So waren sie immer schneller in der Lage, sich von Pol zu Pol auf der ganzen Erde auszubreiten.

Spitzenräuber, Allosaurus, *beim Angriff*

Gleichzeitig mit den pflanzenfressenden Dinosauriern legten auch einige Fleischfresser an Größe zu. Sie entwickelten Fähigkeiten, die ihnen die Jagd auf größere Beutetiere ermöglichten. Zu diesen sogenannten Spitzenräubern gehörte auch der zwölf Meter lange *Allosaurus*, der mit einem schrecklichen Gebiss ausgestattet war. Ein einzelner Pflanzenfresser hatte der Kraft des auf ihn zu schwingenden Schädels kaum etwas entgegenzusetzen.

DINOSAURIEREIER

EXPLORER-NOTIZ: *Embryo ist von harter Schale geschützt*

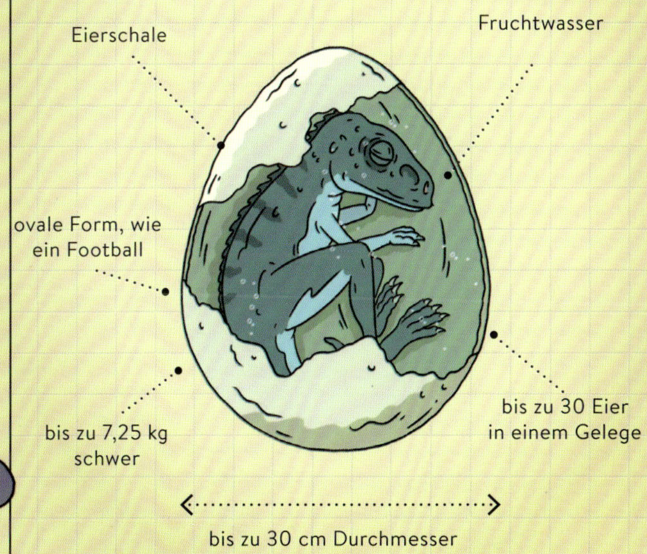

Die geheime Macht der Eier

Dinosaurier wie der *Allosaurus* haben das Leben über Millionen von Jahren bestimmt. Und ihr Erfolg war mit etwas so Einfachem wie einer Eierschale verbunden! Wie die Vögel und andere Reptilien legten auch Dinosaurier Eier. Die Eierschale schützt den Embryo vor dem Austrocknen. Dinosaurier konnten ihre Eier unabhängig von Wasser im heißen Klima legen und so das Überleben der nächsten Generation sichern.

Einige Dinosaurier waren zudem fürsorgliche Eltern, die sich um das Wohl ihrer Jungen sorgten. An der Fundstätte „Egg Mountain" in Montana (USA) haben Paläontologen an einer Stelle mehrere Nester mit fossilen Dinosauriereiern entdeckt, was darauf hindeutet, dass sich Dinosaurier zusammengefunden haben, um ihre Eier in großen Kolonien zu legen.

„Blättere um und erfahre, wie sich die Körper der Dinosaurier veränderten."

Wie sicherten Schuppen das Überleben der Dinosaurier?

Über die Jahrmillionen hinweg wandelten sich die Lebensbedingungen und mit ihnen veränderten sich auch die Dinosaurier. Die Welt der Trias konnte gefährlich sein, Beulen und Kratzer führten schnell zu lebensbedrohlichen Infektionen oder zum Austrocknen. Schuppige Haut, die Feuchtigkeit speichert, trat zuerst bei den Vorfahren der Dinosaurier auf. Die ersten triassischen Dinosaurier wie der *Pisanosaurus* hatten Schuppen, eine evolutionäre Entwicklung, die noch heute bei Echsen und Schlagen zu sehen ist.

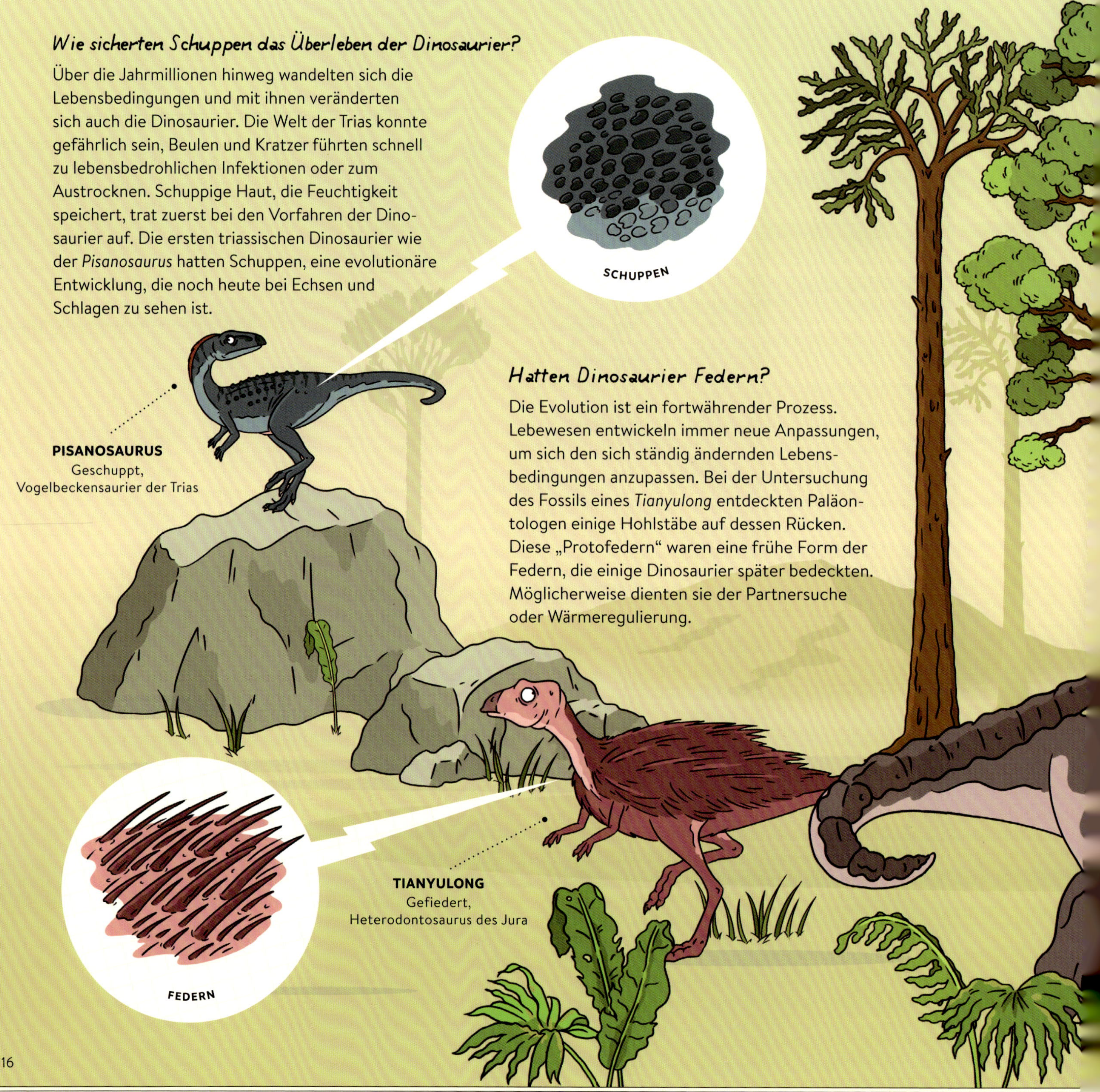

Hatten Dinosaurier Federn?

Die Evolution ist ein fortwährender Prozess. Lebewesen entwickeln immer neue Anpassungen, um sich den sich ständig ändernden Lebensbedingungen anzupassen. Bei der Untersuchung des Fossils eines *Tianyulong* entdeckten Paläontologen einige Hohlstäbe auf dessen Rücken. Diese „Protofedern“ waren eine frühe Form der Federn, die einige Dinosaurier später bedeckten. Möglicherweise dienten sie der Partnersuche oder Wärmeregulierung.

Wie tarnten sich Dinosaurier?

In Fossilien des *Psittacosaurus* aus der Kreidezeit konnten Paläontologen Pigmente nachweisen, die der Haut des Dinosauriers ihre Farbe verliehen. Die Auswertung der Funde lässt darauf schließen, dass die obere Körperhälfte dunkler als die Unterseite war. Diese Färbung war eine Form der Tarnung, die es *Psittacosaurus* ermöglichte, sozusagen mit dem Hintergrund zu verschmelzen und so für den Feind „unsichtbar“ zu sein.

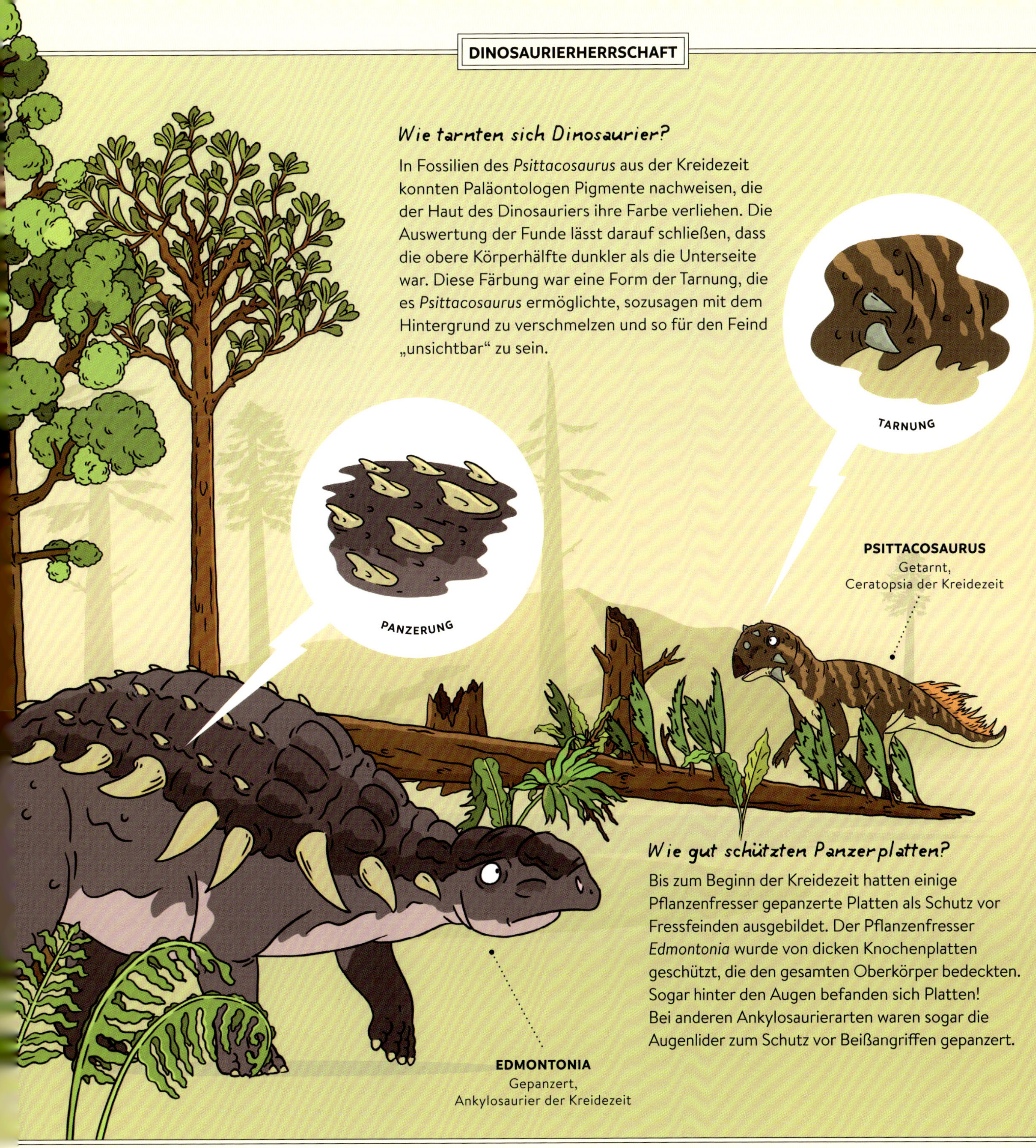

Wie gut schützten Panzerplatten?

Bis zum Beginn der Kreidezeit hatten einige Pflanzenfresser gepanzerte Platten als Schutz vor Fressfeinden ausgebildet. Der Pflanzenfresser *Edmontonia* wurde von dicken Knochenplatten geschützt, die den gesamten Oberkörper bedeckten. Sogar hinter den Augen befanden sich Platten! Bei anderen Ankylosaurierarten waren sogar die Augenlider zum Schutz vor Beißangriffen gepanzert.

4. DINOSAURIERVIELFALT

„Vor etwa 145 Mio. Jahren begann die Kreidezeit. Mehr Dinosaurier als jemals zuvor bevölkerten die Erde. Sie waren die unangefochtenen Herrscher auf unserem Planeten. Das warme, feuchte Klima des Jura setzte sich fort. Hatte sich irgendetwas an den Lebensbedingungen der Dinosaurier geändert? Warum bedeutete der Wettbewerb unter den Dinosauriern, dass ihre Vielfalt weiter zunahm? Was genau war ein „Titanosaurier"? Und was machte die Dinosaurier der Kreidezeit einzigartig?"

Auf in die Kreidezeit

Zu Beginn der Kreidezeit drifteten Gondwana und Laurasia weiter auseinander und die Landmassen und Ozeane glichen immer mehr unserer heutigen Aufteilung.

Die Atmosphäre war schwül und feucht, Wasserwege und Sumpfland durchkreuzten die Landschaft und die Pflanzenwelt gedieh in Hülle und Fülle. Zum ersten Mal zeigten sich kleine Blütenblätter, ausgefallene grüne Hülsen hingen an den Bäumen und erste Früchte begannen zu reifen – eine neue Nahrungsquelle für Dinosaurier und andere Lebewesen der Kreidezeit.

Paläontologen fanden Fossilien unterschiedlichster Arten. Die Kreidezeit gilt daher als Zeitalter der größten Dinosauriervielfalt, in dem sich viele neue Arten entwickelten. Die Dinosaurier beherrschten die Welt!

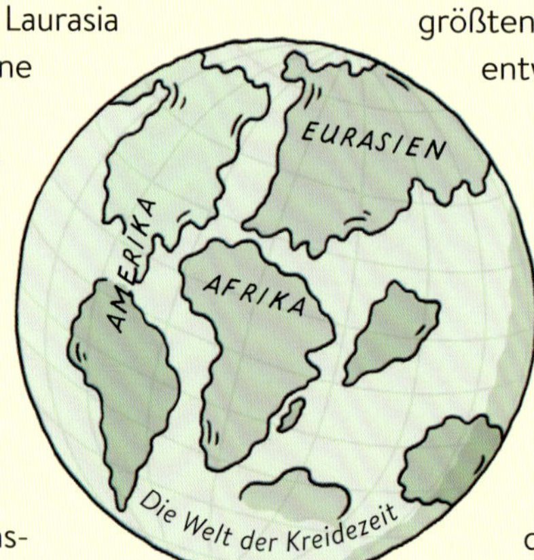

Ein fruchteinflößender Fleischfresser war der *Giganotosaurus.* Allein der Schatten des fünf Meter hohen Dinosauriers dürfte bei Beutetieren für Angstschweiß gesorgt haben, bevor sie von dessen riesigem Maul gepackt wurden. Ein anderes Beispiel für die enormen Ausmaße kreidezeitlicher Dinosaurier ist *Spinosaurus.* Von Kopf bis Schwanzende maß er 18 Meter! Auf seinem Rücken prangte ein großes Segel und der krokodilähnliche Kopf endete in einer langen schmalen Schnauze, mit der er nach Fischen schnappte.

Konkurrenzkampf in der Kreidezeit

Der einzigartige Körper des *Spinosaurus* zeigt die verschiedenen Ausprägungen, die sich bei kreidezeitlichen Dinosauriern entwickelten. Mit der Entstehung immer neuer Arten nahm auch der Kampf um Platz und Nahrung zu. Das wiederum führte zu einer weiteren Spezialisierung, in der die am besten angepassten Dinosaurier die größten Überlebenschancen hatten.

Einige Entenschnabelsaurier schlossen sich zu Herden zusammen. Näherte sich ein Angreifer, warnten sie sich vermutlich gegenseitig mit Lauten, die sie in ihren Kopfröhren erzeugten. Ein solcher Räuber wäre der zehn Meter lange *Albertosaurus* gewesen. Der Fleischfresser war ebenfalls in Gruppen unterwegs, allerdings um gemeinsam zu jagen.

Ein Rudel Albertosaurier *jagt einen* Hadrosaurus.

ALAMOSAURUS

EXPLORER-NOTIZ: *Einer der größten Titanosaurier*

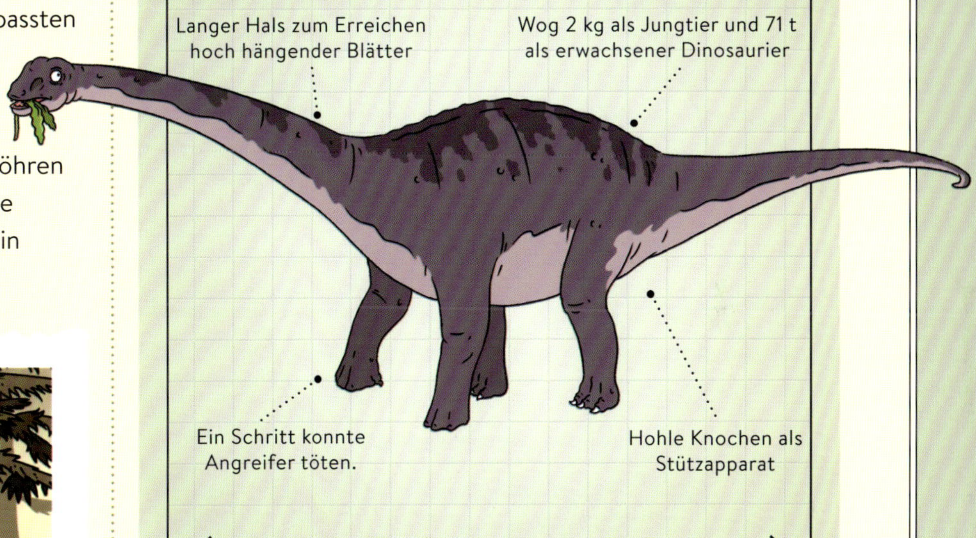

Gigantische Titanosaurier

Einige Fleischfresser der Kreidezeit waren so groß, dass sie andere Dinosaurier nicht fürchten mussten. Allerdings wäre selbst ein Rudel *Albertosaurier* aufgeschreckt auseinandergestoben, hätte es die Tritte eines herannahenden *Alamosaurus* vernommen. Der pflanzenfressende Sauropode gehörte zu den sogenannten Titanosauriern. Einige waren lediglich groß, andere hingegen gigantisch. *Alamosaurus* maß bis zu 25 Meter und war damit doppelt so groß wie die Fleischfresser *Albertosaurus* oder *T. rex*.

Andere Titanosaurier waren noch größer – *Argentinosaurus* wog bis zu 77 Tonnen und war bis zu 30 Meter lang. Kein Landtier wurde jemals zuvor oder danach so groß!

„Blättere um und erfahre, was die Dinosaurier der Kreidezeit so einzigartig machte!"

Warum waren die Dinosaurier der Kreidezeit einzigartig?

In der Trias sahen sich die Dinosaurier noch recht ähnlich. In der Kreidezeit unterschieden sich Dinosaurier dann deutlich voneinander. In den Notizen erfährst du, wie vielfältig sich die Arten entwickelten. Einige hatten besondere Merkmale, die sie schützten. Andere hatten Fähigkeiten, die ihnen bei der Partnersuche halfen, und bei einigen sind selbst die Paläontologen ratlos, welchem Zweck sie gedient haben könnten. Fest steht: Die verschiedenen Anpassungen sicherten ihr Überleben.

TYRANNOSAURUS REX ⋮ 8,5 t ⋮ 12 m lang

EXPLORER-NOTIZ: *Zerteilte Beute mit 30 cm langen Zähnen*

T. rex gehörte zu den erfolgreichsten kreidezeitlichen Raubtieren. Das war vor allem seinen 30 Zentimeter langen, messerscharfen Zähnen geschuldet, die unter Dinosauriern ihresgleichen suchten. Er war auch nicht zurückhaltend, diese einzusetzen – er hinterließ Bissspuren an den Knochen vieler Dinosaurierarten. *T. rex* mag zwar recht langsam gewesen sein, aber ein Biss mit seinen außergewöhnlichen Zähnen machte kurzen Prozess mit seiner Beute.

ZEITPUNKT: *vor 68 Mio. Jahren*

TRICERATOPS ⋮ 7,5 t ⋮ 9 m lang

EXPLORER-NOTIZ: *Hatte einen 2 m breiten Nackenschild, wohl zum Imponieren*

Kreidezeitliche Dinosaurier zogen auf vielerlei Arten die Aufmerksamkeit auf sich. Aber *Triceratops* wäre mit seinen langen, spitzen Hörnern und dem zwei Meter breiten Nackenschild auf jeden Fall aufgefallen. Die Hörner halfen bei Kämpfen und der große Schild bei der Verteidigung. Allerdings gehen Paläontologen davon aus, dass er auch dazu diente, mögliche Partner zu beeindrucken.

ZEITPUNKT: *vor 68 Mio. Jahren*

PARASAUROLOPHUS ⋮ 3 t ⋮ 10 m lang

EXPLORER-NOTIZ: *Nutzte 2 m langen Knochenzapfen wohl zur Kommunikation*

Der kreidezeitliche Pflanzenfresser *Parasaurolophus* trug einen röhrenförmigen, zwei Meter langen Knochenzapfen auf dem Kopf. Zuerst glaubte man, es handele sich um eine riesige Nase mit Superkräften, die es *Parasaurolophus* erlaubte, Nahrung oder Feinde besonders gut riechen zu können. Als ein Wissenschaftler jedoch Luft durch die Röhre blies, ertönte ein tiefes hupendes Geräusch. Daher geht man nun davon aus, dass die Knochentrompete der Kommunikation diente.

ZEITPUNKT: *vor 76 Mio. Jahren*

PACHYCEPHALOSAURUS ⋮ 400 kg ⋮ 4,5 m lang

EXPLORER-NOTIZ: *Nutzte seinen 25 cm dicken Schädel vermutlich zum Kampf mit anderen Pachycephalosauriern*

Pachycephalosaurus war ein sogenannter Dickkopfsaurier. Der zweibeinige Pflanzenfresser trug eine fest verwachsene Dornenkrone auf dem 25 Zentimeter dicken Schädeldach. Paläontologen glauben, dass die Männchen diese bei Kämpfen auf Waldlichtungen einsetzten, um vorbeieilende Weibchen zu beeindrucken. Wahrscheinlich rammten sie sich die dicken Schädel dabei gegenseitig in die Körper.

ZEITPUNKT: *vor 68 Mio. Jahren*

VELOCIRAPTOR ⋮ 15 kg ⋮ 2 m lang

EXPLORER-NOTIZ: *6,5 cm lange Kralle zum Aufschlitzen der Beute*

Velociraptor war ein schmaler kreidezeitlicher Fleischfresser, der seinen langen Schwanz bei der Jagd wohl zum Ausbalancieren nutzte. Das große Gehirn und die 6,5 Zentimeter langen Sichelkrallen lassen einen intelligenten, todbringenden Räuber vermuten. Seine großen Augen konnten Beute leicht ausmachen, bevor die scharfen Krallen zuschlugen.

ZEITPUNKT: *vor 75 Mio. Jahren*

ANKYLOSAURUS ⋮ 6,5 t ⋮ 6 m lang

EXPLORER-NOTIZ: *Schwang eine 3 m lange Schwanzkeule*

Ankylosaurus war ein großer, schwerer Pflanzenfresser der Kreidezeit. Anstelle scharfer Zähne oder eines großen Gehirns hatte er dicke Hornplatten auf dem Oberkörper zum Schutz vor Angriffen. Wollte ein Feind dennoch nicht ablassen, schwang er seine imposante knöcherne Schwanzkeule, die drei Meter lang werden konnte, und schickte den Gegner mit einem Schlag auf die Reise.

ZEITPUNKT: *vor 67 Mio. Jahren*

5. DIE LETZTEN DINOSAURIER

„136 Mio. Jahre lang waren die Dinosaurier die mächtigsten Lebewesen der Erde. Dennoch verschwanden sie gegen Ende der Kreidezeit vor 66 Mio. Jahren gemeinsam mit vielen anderen Lebewesen von der Erdoberfläche. Welche katastrophalen Ereignisse lösten ihr Verschwinden nach Jahrmillionen erfolgreicher Anpassungen aus? Wie veränderte sich die Erde? Warum kommt es zu Massensterben? Und warum überlebten manche Arten, während andere ausstarben?"

Das Kreide-Tertiär-Massensterben

Als „K/T-Grenze", kurz für Kreide-Tertiär-Grenze, bezeichnen Paläontologen das Massensterben am Ende der Kreidezeit, bei dem 80 Prozent aller Arten der Erde ausstarben – einschließlich der Dinosaurier.

Wissenschaftler suchen bis heute nach einer Antwort, die das Geschehene zufriedenstellend erklären würde. Sie nehmen an, dass vulkanische Aktivitäten in der indischen Region der Dekkan-Trapps dafür sorgten, dass riesige Mengen giftiger Gase in die Atmosphäre gelangten und dadurch die Temperaturen dramatisch sanken. Solch extreme Bedingungen könnten erklären, warum derartig viele Arten auf einmal ausstarben.

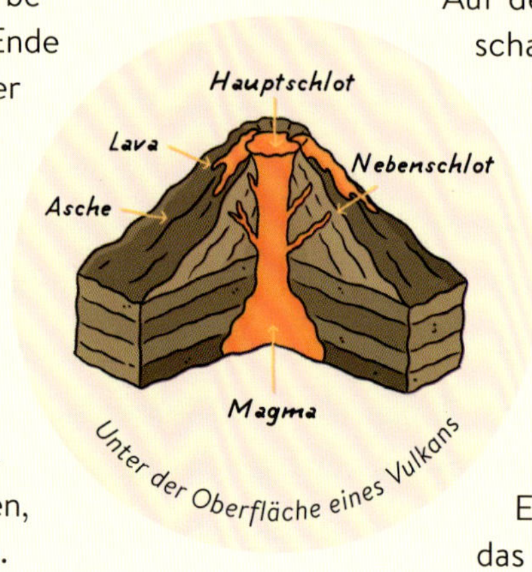

Unter der Oberfläche eines Vulkans

Auf der Suche nach Hinweisen untersuchten Wissenschaftler verschiedene Gesteine aus der späten Kreidezeit. Sie konnten darin Spuren des Metalls Iridium nachweisen, das sich in Meteoriten aus dem Weltall findet. Die Forscher vermuten, dass das Iridium von einem Meteoriten stammt, der mit solcher Wucht mit der Erde kollidierte, dass eine Kettenreaktion ausgelöst wurde, die mit schweren Erdbeben, starken Überflutungen sowie massiven Umweltzerstörungen einherging. Das Ökosystem der Erde geriet ins Ungleichgewicht und gefährdete das Leben aller Arten.

Die 180 km breite Einschlagstelle des Chicxulub-Kraters

Wie sich die Welt veränderte

Forscher glauben, dass der Meteorit in einer Küstenregion des heutigen Mexiko einschlug. Sein Aufprall erzeugte ein 180 Kilometer breites Loch, den sogenannten Chicxulub-Krater, und wirbelte eine superheiße Dunstwolke in die Atmosphäre.

Jahrelang bedeckte die Staubwolke womöglich den gesamten Planeten, sorgte für verschmutzten Regen und verdunkelte die Sonne. Ohne Sonnenlicht fehlten Wärme und Energie. Pflanzen konnten nicht wachsen, und ohne Pflanzen fehlte den Dinosauriern die Nahrungsgrundlage. Vulkanausbrüche in den Dekkan-Trapps und sinkende Temperaturen bedrohten ihre Existenz zusätzlich – nach und nach starben sie aus.

Warum kommt es zu Massensterben?

In der Urgeschichte gab es fünf Massensterben. Meistens werden sie durch dramatische Klimaveränderungen, aber auch durch Meteoriteneinschläge, Supervulkanausbrüche oder Eiszeiten ausgelöst. Das Perm-Trias-Ereignis vor rund 250 Mio. Jahren führte zum Aussterben von etwa 96 Prozent aller auf der Erde lebenden Arten. Das Aussterben der einen kann zum Aufschwung der anderen Art führen. So hat das Massensterben am Ende der Trias den Dinosauriern zu ihrem Aufstieg verholfen, da Wettbewerber um Platz und Nahrung fehlten. Einige Wissenschaftler gehen davon aus, dass wir uns derzeit im sechsten Massensterben befinden – ausgelöst von uns Menschen.

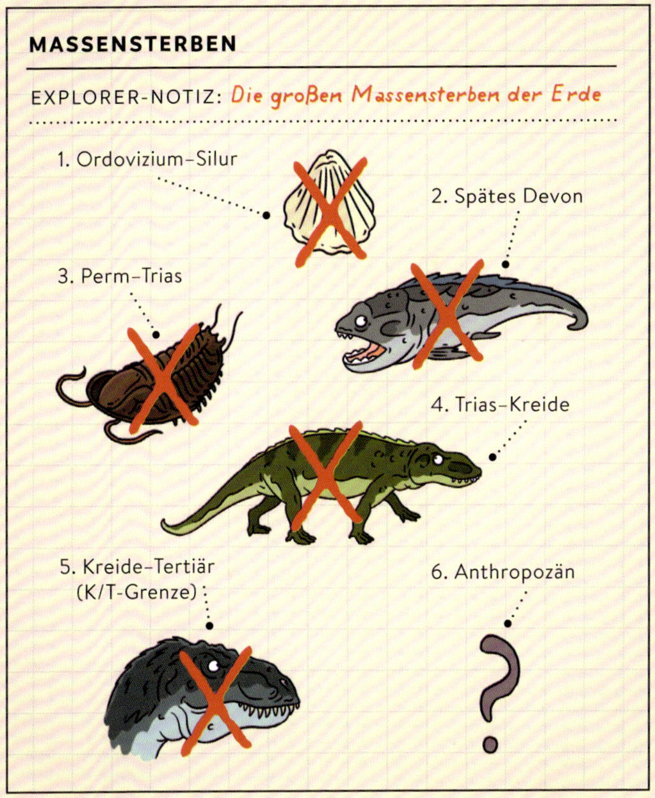

„Blättere um und erfahre, warum einige Arten überlebten, die Dinosaurier aber ausstarben!"

Sind die Dinosaurier verhungert?

Die Dinosaurier waren die größten Landtiere, die jemals die Erde bevölkerten, und mit gigantischer Größe ging riesiger Hunger einher. Aufgrund der sich verändernden Umweltbedingungen am Ende der Kreidezeit verschwanden immer mehr Pflanzen. Größeren Pflanzenfressern wie dem *Triceratops* fehlte die Nahrung und er starb aus. Ohne Pflanzenfresser hatten auch Fleischfresser wie der *T. rex* nichts mehr zu fressen und begannen zu verhungern. Auch andere Reptilien wie der Flugsaurier *Quetzalcoatlus* mit seiner zehn Meter weiten Flügelspanne verschwanden.

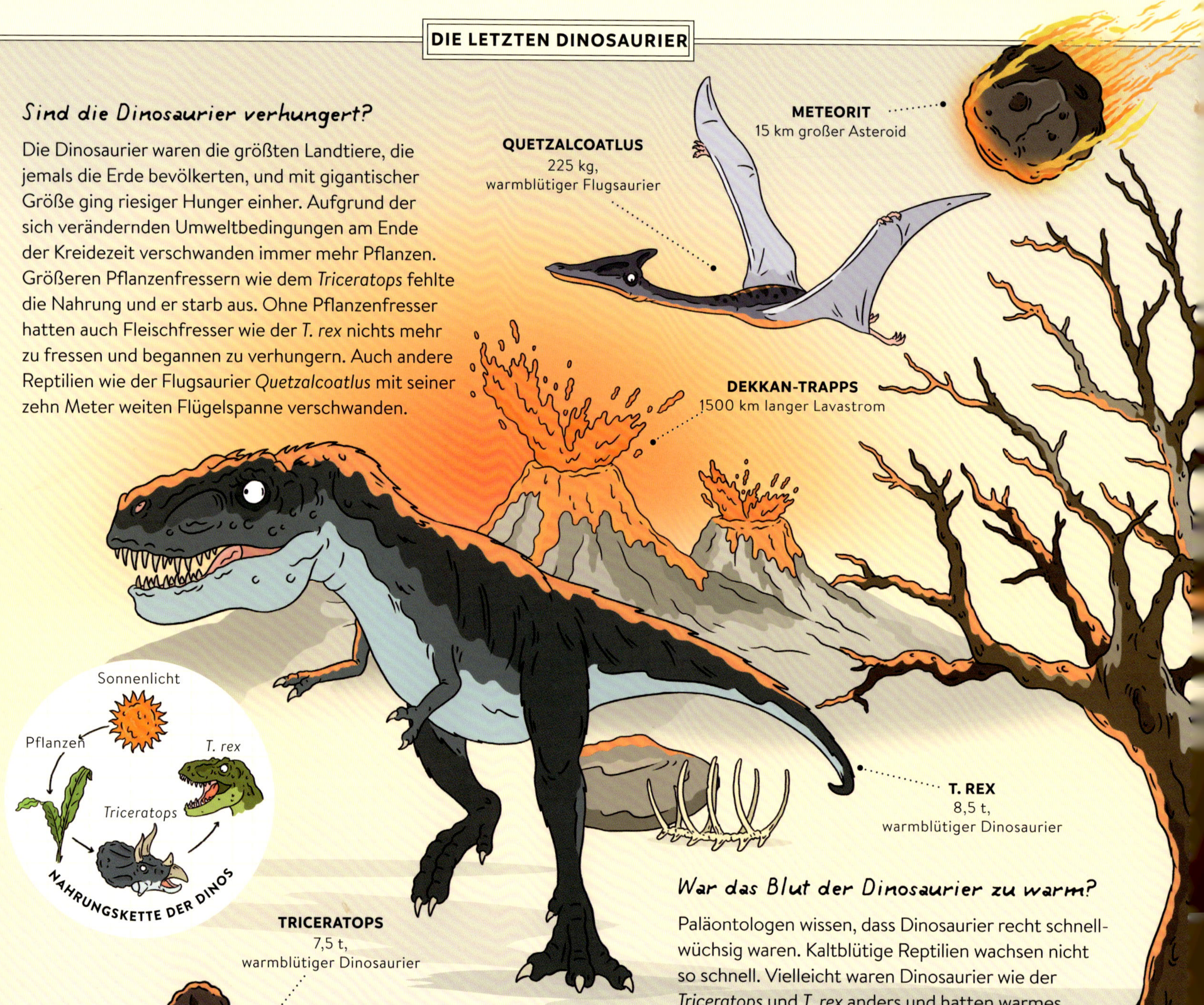

War das Blut der Dinosaurier zu warm?

Paläontologen wissen, dass Dinosaurier recht schnellwüchsig waren. Kaltblütige Reptilien wachsen nicht so schnell. Vielleicht waren Dinosaurier wie der *Triceratops* und *T. rex* anders und hatten warmes Blut wie unsere heutigen Vögel. Warmblütige Tiere können ihre Körpertemperatur selbst regulieren, aber das kostet viel Energie. Auf einem sich abkühlenden, dunklen Planeten war energiereiche Nahrung jedoch Mangelware. Warmblütige Dinosaurier suchten daher vermutlich verzweifelt nach etwas Essbarem.

Waren die Dinosaurier zu groß?

Säugetiere wie die auf Bäume kletternden *Miacis* und Vögel wie der gänseähnliche *Presbyornis* waren im Vergleich zu Dinosauriern klein gewachsen. Mit der sich verändernden Nahrungskette waren kleine Tiere deutlich im Vorteil. Sie brauchten weniger Futter und konnten sich von Insekten, Echsen oder Früchten ernähren. Als sich die Umwelt langsam erholte, breiteten sie sich in der Welt aus, die zuvor von den Dinosauriern beherrscht wurde. Säugetiere gehören heute zu den erfolgreichsten Tieren!

Sind die Dinosaurier erfroren?

Mit den fallenden Temperaturen starben die warmblütigen Dinosaurier, sogar die von Federn geschützten, nach und nach aus. Zu ihren Nachfolgern zählen Echsen wie *Saniwa*, Schlangen wie die *Titanoboa* und Krokodile wie das *Borealosuchus*. Sie hatten wechselwarmes Blut und benötigten weniger Energie. Kleine Säugetiere wie das *Didelphodon* oder Vögel wie der *Waimanu* waren zwar warmblütig wie die Dinosaurier, breiteten sich aber vermutlich aufgrund ihrer geringeren Größe und ihres besser isolierten Körpers aus.

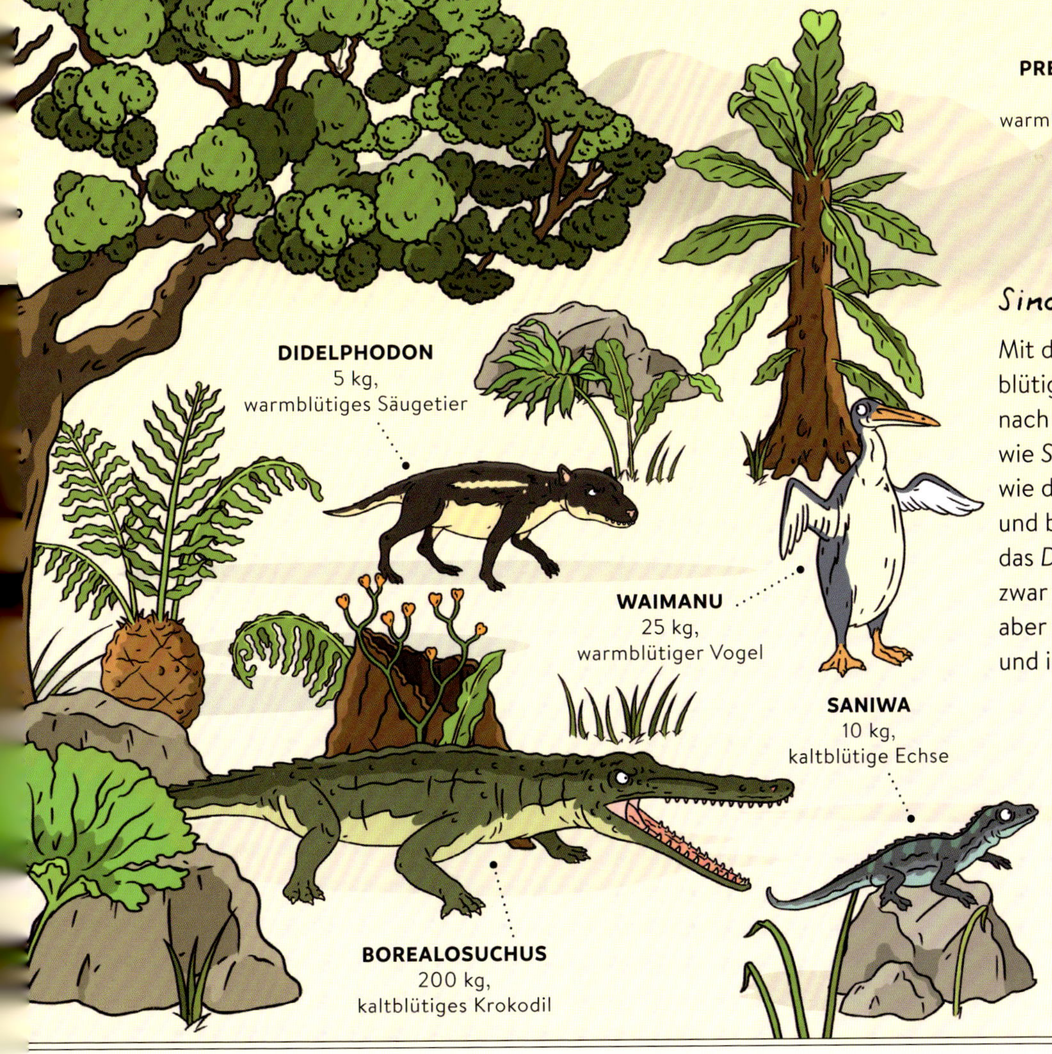

6. DINOSAURIERFUNDE

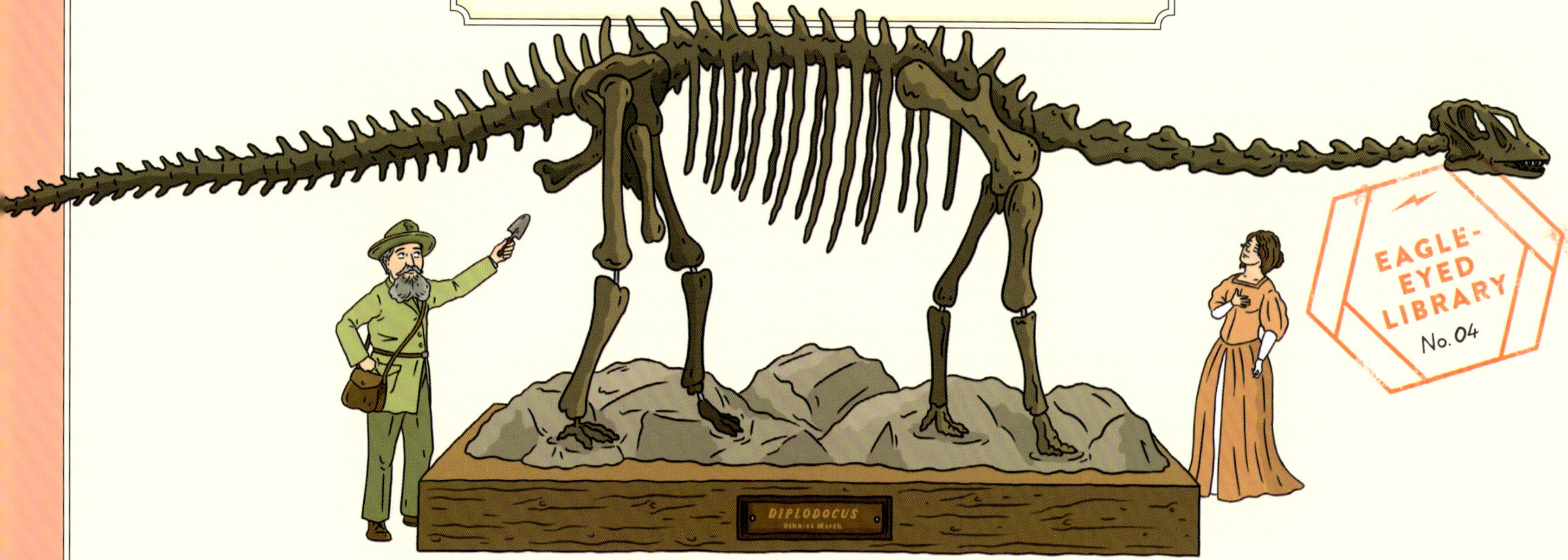

„Die Menschen sind fasziniert von Dinosauriern. Spätestens seitdem William Buckland 1822 das Skelett eines Megalosaurus ausgrub, wollen wir alles über diese außergewöhnlichen Lebewesen wissen, die einst über die Erde wandelten. Was haben die Menschen zuerst über Dinosaurier gedacht? Wo sind die besten Orte, um nach Dinosaurierfossilien zu suchen? Wie finden Paläontologen Dinosaurier? Und welches sind die größten Dinosaurier-Explorer aller Zeiten?"

Eins, zwei, drei, vier, Knochenkrieg!

Im 19. Jahrhundert entdeckten Paläontologen viele Dinosaurierfossilien zum ersten Mal. Die Öffentlichkeit war fasziniert von diesen seltsamen Skeletten aus längst vergangenen Zeiten. Die Zeitungen berichteten über die Dinosaurier-Explorer – jetzt beherrschten Dinosaurier die Schlagzeilen!

Zwei berühmte amerikanische Fossilienjäger waren Othniel Marsh und Edward Drinker Cope. Sie bestimmten Hunderte bis dato unbekannter Dinosaurierarten. Dinosaurier wie *Diplodocus*, *Stegosaurus*, *Allosaurus*, *Apatosaurus* und viele andere erhielten ihren Namen von Marsh. Copes größte Entdeckung war der 2,5 Meter große *Coelophysis* aus der Gruppe der Theropoden. Im Zuge immer neuer Entdeckungen wurden Marsh und Cope zu erbitterten Gegnern. Ihr Wettstreit wurde als „Bone Wars" (auf Deutsch: „Knochenkriege") bekannt.

Zeitungen befeuern die Dinomania!

So erklärte Marsh 1870 öffentlich, dass Cope einen peinlichen Fehler gemacht habe – Cope hatte den Schädel eines *Elasmosaurus* versehentlich an dessen Schwanz platziert! Die beiden spionierten sich aus, beschuldigten sich und stahlen einander sogar die Fossilien! Viele kostbare Dinosaurierfossilien wurden während ihrer Auseinandersetzungen zerstört.

Die besten Orte für die Fossiliensuche

Von Chile bis China – Dinosaurier bevölkerten den gesamten Erdball. Paläontologen sind überall auf Fossilien gestoßen. Das sind die besten Orte auf Erde, wenn du Dinosaurierknochen suchen willst:

Einige der besten Orte für Dinofunde

Nordamerika: Wenn du auf der Suche nach einem *Triceratops* oder *T. rex* bist, suchst du am besten hier.
Südamerika: Erinnerst du dich an die Titanosaurier? Sie lebten unter anderem in Südamerika. Der riesige *Argentinosaurus* sowie der *Eoraptor* und der *Herrerasaurus* waren hier anzutreffen.
Mongolei: In der Wüste Gobi wurde der ein Meter lange Fußabdruck eines Sauropoden entdeckt. Die Chancen, hier ein Fossil zu finden, sind recht gut, da sich die Knochen nahe der sandigen Oberfläche befinden. Kleinere Dinosaurier wie der *Velociraptor* waren ebenfalls hier beheimatet.

FOSSILLAGERSTÄTTE

EXPLORER-NOTIZ: *Fossilien in geologischen Schichten*

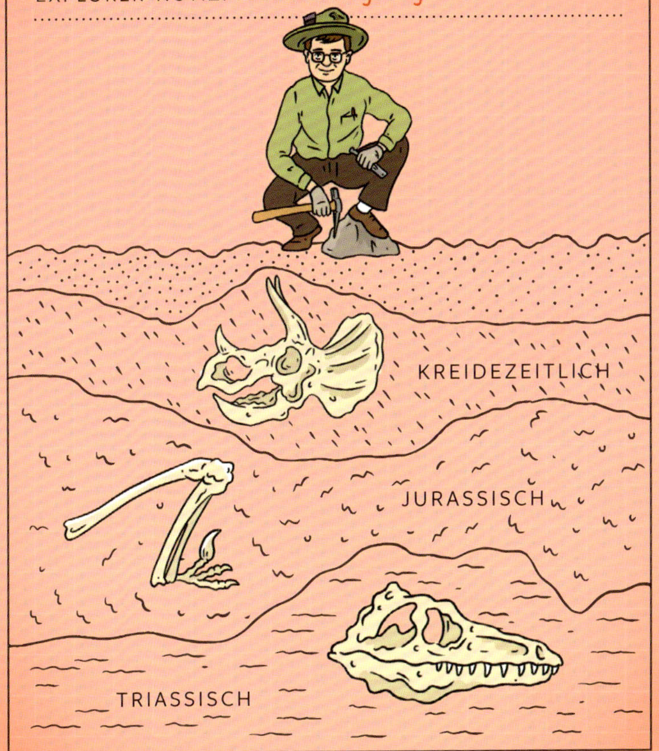

Werkzeuge für Paläontologen

Die Oberfläche der Erde besteht aus verschiedenen Schichten, die sich im Laufe von Jahrmillionen gebildet haben. Darin eingeschlossen sind Fossilien ursprünglich lebender Organismen. Paläontologen bedienen sich geologischer Karten, um Gestein aus der Trias oder der Kreidezeit zu lokalisieren. Dort suchen sie in Fossillagerstätten, also in felsigen Gebieten mit besonders vielen Fossilien, nach Dinosaurierknochen. Sie legen die Funde mit Hammern, Meißeln und Spitzhacken vorsichtig frei, bevor sie die Proben in Tücher und Gips verpacken. Zum Schluss dokumentieren sie alles in Form von Feldnotizen und Skizzen.

„Blättere um und erfahre, wer die größten Dinosaurier-Explorer aller Zeiten waren!"

Die größten Dinosaurier-Explorer

Eine Klaue. Ein Schädel. Ein in Bernstein konserviertes urzeitliches Insekt. Derartige Zeugen längst vergangener Zeiten haben die großen Explorer bei der Erforschung der Dinosaurier aufgespürt. Egal ob sie Fossilien untersuchten oder über das Verhalten der Dinosaurier sinnierten, Dinosauriereier entdeckten oder sogar die Ausscheidungen von Dinos studierten, ohne ihre Arbeit wäre der vorliegende Bericht unmöglich gewesen. Hier sind die berühmtesten Explorer der „Eagle-Eyed Explorer's Club Hall of Fame".

BARNUM BROWN | 1873–1963

EXPLORER-NOTIZ: *Grub den König der Saurier aus*

Der amerikanische Fossilienjäger Barnum Brown liebte Dinosaurier über alles. Er grub sie aus, schrieb und hielt Vorträge über sie. Seine Leidenschaft begann bereits als Junge, als er Fossilien in der Nähe einer Kohlemine entdeckte. Er wurde als Amateur-Paläontologe berühmt, als er im Jahr 1902 als Erster die Überreste eines *T. rex* freilegte – und damit die weltweite Jagd nach Fossilien auslöste.

ROY CHAPMAN ANDREWS | 1884–1960

EXPLORER-NOTIZ: *Entdeckte als Erster Dinoeier*

Roy Chapman Andrews war zunächst Hausmeister im American Museum of Natural History, dessen Direktor er später werden sollte. Er entdeckte die ersten versteinerten Dinosauriereier! Er fand sie in der Nähe eines *Oviraptor*-Fossils und nahm an, dass dieser die Eier gestohlen hätte. Erst nach seinem Tod fand man heraus, dass die Eier vom *Oviraptor* selbst stammten.

ROBERT T. BAKKER | geb. 1945

EXPLORER-NOTIZ: *Erkennt Dinosaurier als intelligente, komplexe Tiere an*

Fossilien geben uns einen Eindruck vom Aussehen der Dinosaurier. Robert T. Bakker interessiert mehr, wie sie sich verhalten haben könnten. Er meint, dass Dinosaurier wie der *Deinonychus* lebhafte, warmblütige Tiere waren, die sich wie viele heutige Wildtiere verhielten. Er hat erforscht, wie sich Dinosaurier um ihre Jungen kümmerten, ob sie in Rudeln jagten oder auf der Suche nach Nahrung ausschwärmten. Bakkers Annahmen widersprechen den traditionellen Denkweisen über Dinosaurier als langsame, ungeschickte Tölpel.

JACK HORNER ⁝ geb. 1946

EXPLORER-NOTIZ: *Nimmt an, dass sich Dinosaurier um ihre Jungen kümmerten*

Einige Paläontologen glauben, dass es sich bei kleineren Skeletten in der Nähe größerer Fossilien um andere Arten handelt. Jack Horner widerspricht dieser Annahme. Er geht davon aus, dass einige Dinosaurier in Familien lebten, und es sich um die Überreste des Nachwuchses handeln könnte. Er entdeckte einen versteinerten Nistplatz in der Nähe eines Dinosauriers, den er *Maiasaura* („Gute-Mutter-Echse") taufte. So wie sich Enten um ihre Küken kümmern, könnte auch der Entenschnabelsaurier seine Jungen versorgt haben.

SUE HENDRICKSON ⁝ geb. 1949

EXPLORER-NOTIZ: *Entdeckte „Sue," den bislang größten T. rex*

Sue Hendrickson aus Illinois bereist die ganze Welt, um mehr über Dinosaurier zu erfahren. In einer südamerikanischen Mine machte sie ihren ersten Fund: ein in Bernstein konserviertes Insekt. Weitere Fundstücke folgten, eingeschlossen das unversehrteste Skelett eines *T. rex*, das jemals entdeckt wurde. Der Gigant steht nun im Field Museum of Natural History in Chicago und trägt zu Ehren seiner Entdeckerin den Namen „Sue".

KAREN CHIN ⁝ geb. 1952

EXPLORER-NOTIZ: *Expertin für Dinosaurier-A-a*

Einige Wissenschaftler untersuchen Schädel. Andere betrachten Klauen und Zähne. Aber versteinerte Skelette und Zähne sind nicht die einzigen Überreste, welche die Jahrmillionen überdauert haben. In ihrem einzigartigen Forschungsprojekt widmet sich Karen Chin sogenannten Koprolithen, also versteinertem Dino-A-a! Wie ein Wildhüter einem Tier auf seiner Kotspur folgt, spürt Chin die Nahrung eines Dinosauriers mithilfe seiner Kotsteine auf.

7. DINOSAURIER HEUTE

Paläontologen nahmen an, dass die Dinosaurier aufgrund von Umweltkatastrophen am Ende der Kreidezeit vor 66 Mio. Jahren ausstarben. Bis eine erstaunliche Entdeckung alles änderte! Vielleicht hatten einige Dinosaurier doch überlebt – vielleicht existieren sie sogar noch heute! Was war diese außerordentliche Entdeckung? Wie sind urzeitliche Reptilien mit Vögeln verwandt? Was erzählen uns urzeitliche Vögel? Und was haben heutige Vögel von den Dinosauriern geerbt?

Ein eigentümliches Fossil

Als 1861 ein merkwürdiges, 150 Mio. Jahre altes Fossil entdeckt wurde, das mehr einem Vogel als einem Dinosaurier glich, waren die Paläontologen verwirrt. Einige glaubten an eine Fälschung. Aber die Überreste erwiesen sich als echt und erhielten den Namen *Archaeopteryx*.

Archaeopteryx hatte Federn, Flügel und einen Schnabel wie ein Vogel. Aber in seinem Schnabel waren Zähne, an den Flügeln scharfe Klauen und an seinem Ende ein langer Schwanz – wie bei einem Dinosaurier. *Archaeopteryx* war vermutlich einer der ersten Dinosaurier, der seine Federn zum Fliegen nutzte – wie heutige Vögel.

Der bezahnte Dinosaurierschnabel des Archaeopteryx

Auf den ersten Blick scheinen Vögel und Dinosaurier nicht miteinander verwandt zu sein. Aber Paläontologen widersprechen dieser Annahme. Sie glauben, dass der *Archaeopteryx* aufgrund der gleichzeitig vorliegenden Merkmale eines Dinosauriers und eines Vogels eine Übergangsform war. Sie ordnen heutige Vögel als vogelähnliche Dinosaurier ein, Nachfahren einiger gefiederten Dinosaurier, die das Massensterben überlebten.

Im Laufe der Zeit entwickelten sich bestimmte Dinosaurier zu Vögeln – und egal ob Seemöwe oder Spatz, Papagei oder Pinguin, alle heutigen Vögel sind Arten von Dinosauriern!

THEROPODEN

EXPLORER-NOTIZ: *Wie Dinosaurier und Vögel verwandt sind*

Von urzeitlichen Reptilien zu modernen Vögeln

Vogelähnliche Reptilien bzw. moderne Vögel eroberten die ganze Welt. Ein winziger Spatz hat nur wenig Ähnlichkeit mit einem riesigen, urzeitlichen Reptil. Paläontologen nehmen jedoch an, dass sich Vögel aus den sogenannten Theropoden entwickelten. Zu dieser Gruppe zählen nicht-vogelähnliche Theropoden wie der *Velociraptor* sowie vogelähnliche Theropoden wie moderne Vögel.

Ein genauer Blick offenbart Ähnlichkeiten: Der Körper des wilden *Velociraptor* glich dem eines Vogels. Viele Theropoden hatten Federn. Der kleine *Confuciusornis* hatte einen vogelähnlichen Körper und sogar einen zahnlosen Schnabel. Über Jahrmillionen entwickelten sich einige Dinosaurier aufgrund der sich ändernden Bedingungen in die Vögel, die wir heute kennen. Es ist schwer zu glauben, aber *T. rex* ist der gigantische, entfernte Verwandte unserer heutigen Hühner!

Was urzeitliche Vögel offenbaren

Das Huhn ist heute der bekannteste vogelähnliche Dinosaurier. Als Nachfahren der Dinosaurier sind Vögel auf der ganzen Welt beheimatet. Weltweit gibt es mehr als 10 000 Vogelarten. Die Erforschung einiger urzeitlicher Vögel fördert Gemeinsamkeiten mit den furchteinflößendsten Dinosauriern zutage.

Riesige „Schreckensvögel“ überlebten das große Massensterben. Sie waren 2,5 Meter groß und standen an der Spitze der Nahrungskette. Auf See dominierten die Pseudozahnvögel. Mit einer Spannweite von sechs Metern hatten sie vermutlich die größten Flügel aller jemals lebenden Vögel.

„Blättere um und erfahre, was die heutigen Vögel von den Dinosauriern geerbt haben.“

Haben Vögel ihre Federn von Dinosauriern geerbt?

Vogelfedern sind eine Anpassung, die sich vor langer Zeit entwickelt hat – an den Vorfahren der Dinosaurier! Einige frühe Dinosaurier hatten kleine Hohlstäbe, sogenannte Protofedern, vielleicht um mögliche Partner zu beeindrucken. Andere Dinosaurier wie *Haplocheirus* hatten federartige Verzweigungen zum Warmhalten. Federn könnten *Archaeopteryx* Auftrieb verliehen haben, um besser zu gleiten. Frühe Federn glichen einfachen Fäden. Spätere Federn waren ausgefeilter und unterstützten ihre Träger beim Fliegen.

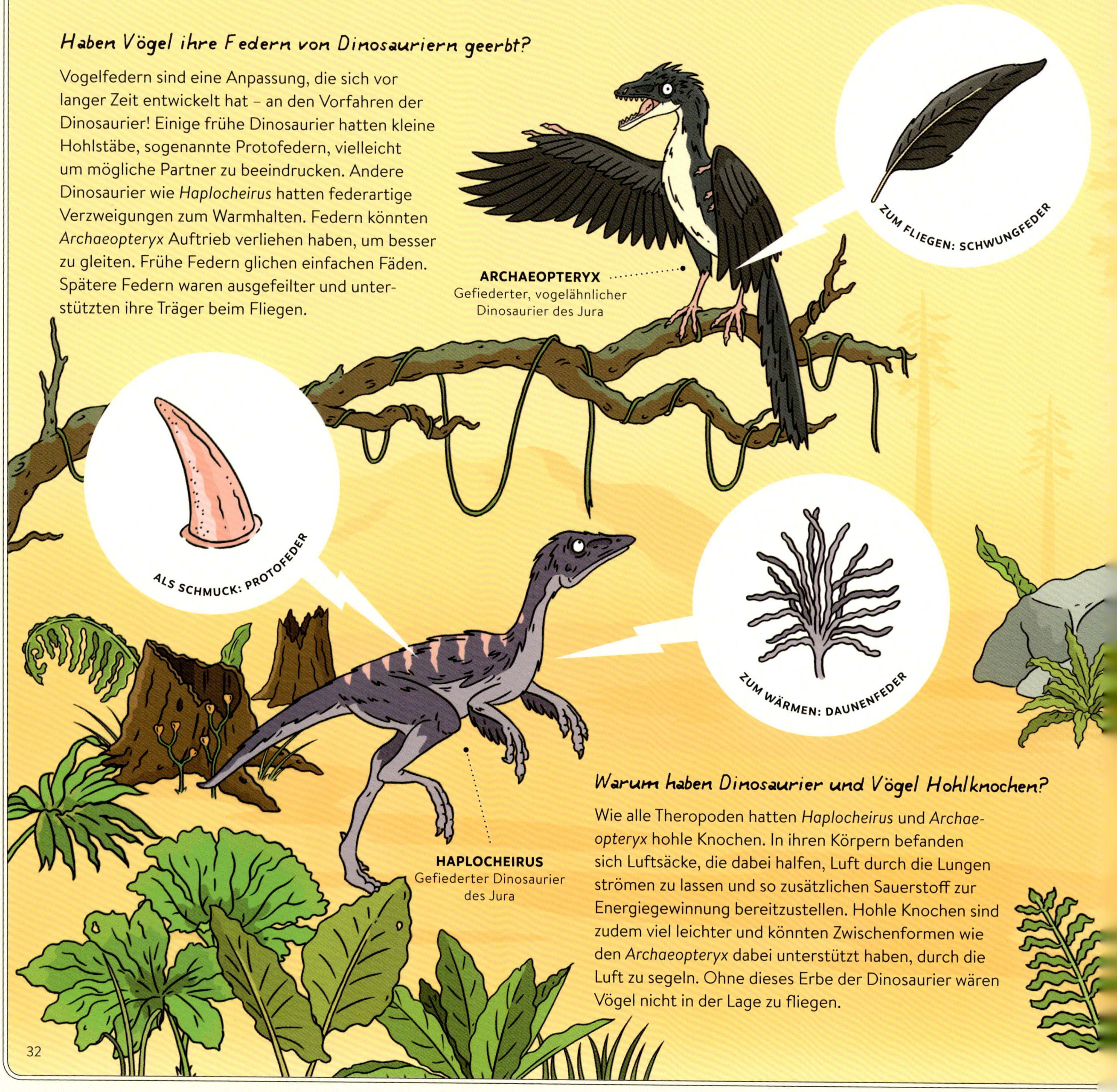

Warum haben Dinosaurier und Vögel Hohlknochen?

Wie alle Theropoden hatten *Haplocheirus* und *Archaeopteryx* hohle Knochen. In ihren Körpern befanden sich Luftsäcke, die dabei halfen, Luft durch die Lungen strömen zu lassen und so zusätzlichen Sauerstoff zur Energiegewinnung bereitzustellen. Hohle Knochen sind zudem viel leichter und könnten Zwischenformen wie den *Archaeopteryx* dabei unterstützt haben, durch die Luft zu segeln. Ohne dieses Erbe der Dinosaurier wären Vögel nicht in der Lage zu fliegen.

Wo kann man heute Dinosaurier sehen?

Viele Dinosaurier waren wie die Vögel warmblütige Tiere. Einige liefen auf zwei Beinen wie Strauße oder hatten lange, spitz zulaufende Schädel wie Krähen. Einige hatten Schnäbel zum Fressen. Andere hatten gefiederte Flügel zum Fliegen. Manche hatten wie Vögel y-förmige Gabelbeine. Aus all diesen Gründen ordnen Paläontologen die Klasse der Vögel den Dinosauriern zu – du könntest also genau in diesem Moment durch dein Fenster auf einen Dinosaurier schauen!

Betreiben Dinosaurier und Vögel Brutpflege?

Egal ob *Pisanosaurus* oder *Ankylosaurus*, alle Dinosaurier legten hartschalige Eier. Die größten Eier legten die *Oviraptorosauria*. Ebenso legen alle Vögel Eier, egal ob kleines Huhn oder großer Strauß. Die meisten Vögel bauen Nester und kümmern sich um ihre Eier. Auch einige Dinosaurier bauten Muldennester und bedeckten ihre Eier mit Zweigen und Blättern, während andere ihre Eier vergruben. Bestimmte Vogelarten versammeln sich wie Dinosaurier in großen Kolonien und betreiben Brutpflege.

AGENT EAGLES DENKAUFAUFGABEN

„Zurück in der Bibliothek! Für den Fall, dass der Club dein Wissen testen muss, sind hier einige Denkaufgaben, um den durchschnittlichen Dino-Dilettanten vom echten Experten zu trennen."

DAS DATENRÄTSEL

Falte die Zeitleiste auseinander, und bringe die folgenden Dinosaurier in die richtige Reihenfolge. Beginne mit dem ältesten Dinosaurier.

A. CAUDIPTERYX

B. HUHN

C. PROCERATOSAURUS

D. ALVAREZSAURUS

DAS NAMENSRÄTSEL

Nutze die Zeitleiste sowie die folgenden Hinweise, um die Namen dieser Dinosaurier zu erraten.

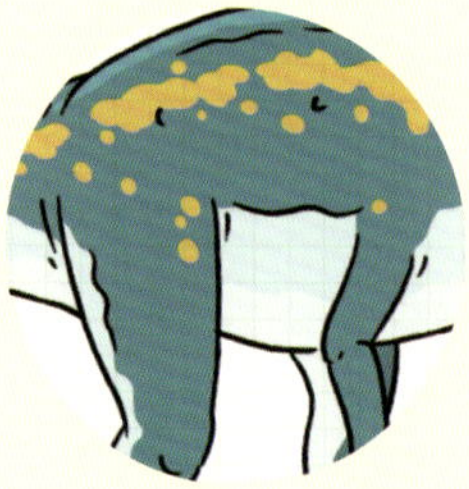

A. Eine feurige mythologische Kreatur ist die Inspiration für den Namen dieses Dinos.

B. Dieser große Dinosaurier hat eine starke Verbindung zu einem griechischen Gott.

C. Dieser Dinosaurier verdankt seinen Namen einem großen Dinosaurierjäger.

DAS QUIZ

In meinen Berichten findest du die Antworten.

1. WAS SIND DINOSAURIER?
Wie unterscheiden sich die Beinknochen eines Dinosauriers von denen anderer Reptilien?

a) Dinosaurierhüftknochen waren verdreht wie ein Korkenzieher.
b) Dinosaurierbeine standen seitlich vor.
c) Dinosaurierbeine waren gerade nach unten gerichtet.

2. DIE ERSTEN DINOSAURIER
Wovon haben sich Dinosaurier in der Trias ernährt?

a) Sie ernährten sich von Steinen und Sand.
b) Sie ernährten sich von Fleisch.
c) Sie ernährten sich von Ameisen.

3. DINOSAURIERHERRSCHAFT
Wie groß waren die größten Dinosauriereier?

a) bis zu 30 Zentimeter Durchmesser
b) bis zu 5 Zentimeter Durchmesser
c) bis zu 5 Meter Durchmesser

4. DINOSAURIERVIELFALT
Spinosaurus war vermutlich das größte jemals lebende Landraubtier. Was war seine Hauptnahrungsquelle?

a) Er fraß andere *Spinosaurier.*
b) Er sonnte sich viel und bezog seine Energie von der Sonne.
c) Er fing und fraß vor allem Fisch.

5. DIE LETZTEN DINOSAURIER
Welche Ereignisse trugen laut Wissenschaftlern zum Kreide-Tertiär-Massensterben bei?

a) Ein gigantischer Meteorit aus dem All schlug auf die Erde ein.
b) Riesige Säugetiere fraßen den Dinosauriern die Nahrung weg.
c) Heftige Wirbelstürme tobten auf der Erdoberfläche.

6. DINOSAURIERFUNDE
Wie wurden die Auseinandersetzungen zwischen Othniel Marsh und Edward Drinker Cope genannt?

a) Fossilienkämpfe
b) Knochenkriege
c) Skelett-Showdown

7. DINOSAURIER HEUTE
Paläontologen verstehen heutige Vögel als Nachfahren der Dinosaurier. Welche dieser Aussagen ist *falsch?*

a) Heutige Vögel haben wie einige Dinosaurier Federn.
b) Heutige Vögel sind wie einige Dinosaurier warmblütig.
c) Heutige Vögel haben wie einige Dinosaurier Zähne.

CLUB-NOTIZEN

GLOSSAR

AUSSTERBEN
Das Ende einer Art: Alle Individuen einer Spezies sterben aus. Die Dinosaurier verschwanden während des Massensterbens an der Kreide/Tertiär-Grenze.

EVOLUTION
Ein Prozess, bei dem sich Lebewesen im Laufe der Zeit zu neuen Lebensformen entwickeln und sich ihrer Umgebung anpassen.

FOSSILIEN
Die über Jahrmillionen erhaltenen Überreste von Lebewesen. Fossilien helfen dabei, die Lebensweise von Dinosauriern zu verstehen.

KOPROLITHE
Versteinerte Exkremente, die als harte Kotsteine erhalten sind. Die Koprolithe von Dinosauriern erzählen Paläontologen viel über deren Ernährung.

METEORITEN
Gesteinsbrocken aus dem Weltall, die auf die Erde zurasen und mit ihrer Oberfläche kollidieren. Meist ungefährlich. Jedoch trug ein gewaltiger Meteoriteinschlag zum Aussterben der Dinosaurier bei.

PALÄONTOLOGEN
Dinosaurierexperten. Sie erforschen Fossilien und sogar lebende Individuen, um mehr über Dinosaurier zu erfahren, von ihrem Aussehen bis zu ihren Nahrungsgewohnheiten.

PANGAEA
Superkontinent, auf dem die ersten Dinosaurier entstanden. Über Jahrmillionen brach er auseinander und formte die heutigen Kontinente.

REPTILIEN
Eine Tierklasse, die Eier legt und Schuppen hat. Dinosaurier, Echsen, Krokodile und Schlangen sind Reptilien.

SAUROPODEN
Riesige, vierbeinige, pflanzenfressende Dinosaurier mit langem Hals. Die größten jemals lebenden Landtiere waren Sauropoden.

THEROPODEN
Zweibeinige Dinosaurier, die sich schnell fortbewegten und vor allem Fleisch fraßen. Spitzenräuber wie der *T. rex* waren Theropoden.

TITANOSAURIER
Die größte Sauropoden-Gruppe. Einige waren von Kopf bis Schwanzende 30 Meter lang.

DAS TEAM

NICK FORSHAW
Nick ist Autor. Er lebt in Berlin und hat einen Abschluss in Film- und Literaturwissenschaft. Er hofft, dass seine Leser genauso viel über die Welt und all die Dinge darin erfahren möchten wie er.

ANDY FORSHAW
Andy studierte Grafikdesign am Londoner Central St. Martins College. Seither arbeitet er als Illustrator, unter anderem für Nike, Ford, The Guardian oder Virgin EMI.

AQUILA NON CAPIT MUSCAS
DER ADLER FÄNGT KEINE FLIEGEN

REGISTER

ZEITLEISTE

„Zurück in der Bibliothek! Es ist Zeit, unsere Entdeckungen auszuwerten. Falte die Zeitleiste auf, die die Geschichte der Dinosaurier zeigt und mehr als 100 verschiedene Arten umfasst. Findest du einen Dinosaurier, der Brutpflege betrieb? Oder den Dinosaurier, der so lang war wie ein Blauwal? Welches ist der intelligenteste Dinosaurier, der heute noch lebt?"

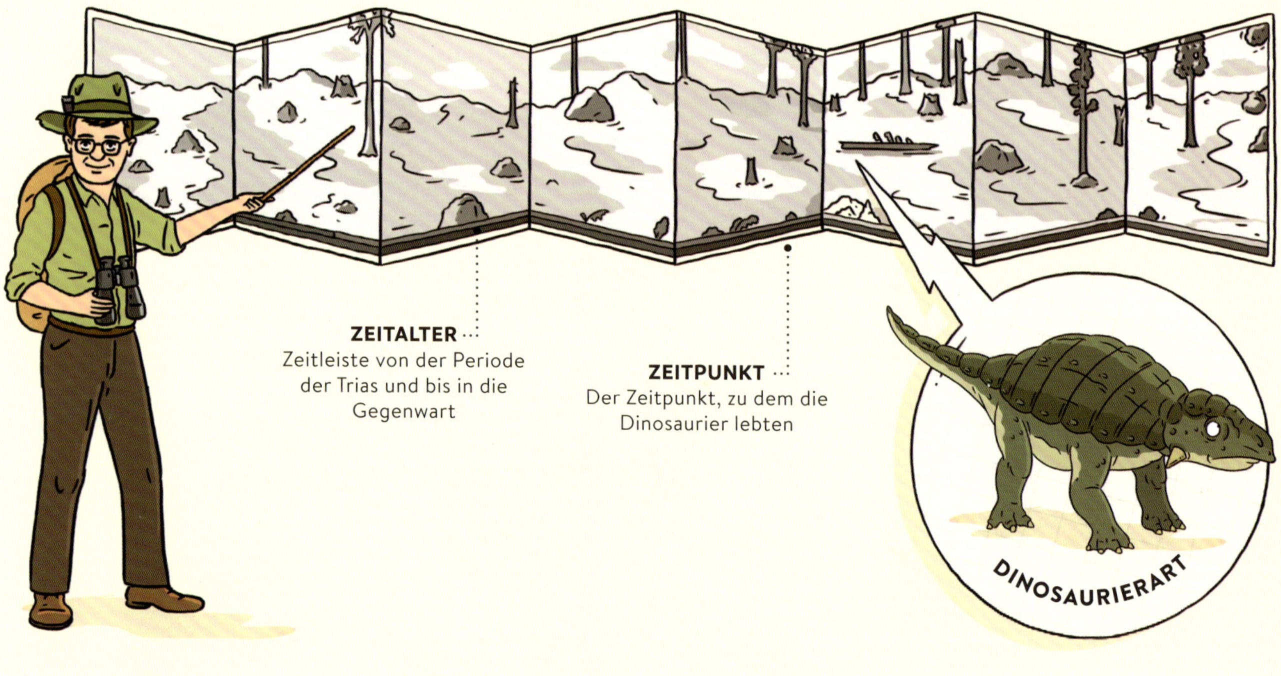

ZEITREISE DINOSAURIER

231 – HERRERASAURUS
Ein tödliches, 6 m langes Raubtier mit gezackten Zähnen und zupackenden Krallen zum Beutefang. *Herrerasaurus* war ungewöhnlich groß für einen frühen Dinosaurier.

220 – THECODONTOSAURUS
Dieser Pflanzenfresser gehörte zur Gruppe der Sauropodomorpha. Sie waren die Vorfahren der Sauropoden, der größten Dinosaurier.

225 – SATURNALIA
Dieser Pflanzenfresser gehörte zu den Echsenbeckensauriern. Er nutzte seine langen, scharfen Krallen vermutlich zur Verteidigung, aber niemals zum Jagen.

214 – PLATEOSAURUS
Ein langhalsiger, sauropodomorpher Dinosaurier, der bis zu 10 m lang wurde. *Plateosaurus* war so groß, dass er leicht im Morast versank und starb. Seine Knochen sind dadurch gut erhalten.

231 – EORAPTOR
Der älteste bekannte Echsenbeckensaurier. Dinosaurier gehören entweder zu den Echsenbecken- oder den Vogelbeckensauriern.

220 – LILIENSTERNUS
Ein 5 m langer, 200 kg schwerer Fleischfresser mit auffälligem Knochenkamm auf dem Kopf.

228 – PISANOSAURUS
Einer der ersten Vogelbeckensaurier mit einem kurzen, bezahnten Schnabel zum Abknabbern von Pflanzen. Mit 1 m Länge war er einer der kleinsten bekannten Dinosaurier.

240 – NYASASAURUS
Diese 2 m lange Kreatur ist der älteste bekannte Dinosaurier. Er lebte auf Pangaea, dem einstigen Superkontinent der Erde.

196 – ESHANOSAURUS
Vermutlich einer der ersten Therizinosaurier, einer Gruppe von Dinosauriern, die eng mit den vogelähnlichen Dinosauriern verwandt ist, auch bekannt als Vögel.

200 – COELOPHYSIS
Mehr als 1000 Skelette dieser 2,5 m langen Fleischfresser wurde an einer Fundstätte in New Mexico ausgegraben. Sie fielen wohl einer Sturzflut zum Opfer.

195 – HETERODONTOSAURUS
Kleiner, flinker Pflanzenfresser mit einem Schnabel aus Horn. Hatte drei verschiedene Zahntypen zum Zerhacken, Zerkauen und Mahlen seiner Nahrung.

193 – DILOPHOSAURUS
Großer Raubsaurier, der viel kämpfte: Arm- und Handknochen eines Skeletts wiesen Verwachsungen auf, die auf durch Kampfverletzungen hervorgerufene Infektionen zurückzuführen sind.

191 – SCELIDOSAURUS
4 m langer Pflanzenfresser, der sich mit einer dicken Panzerung aus Hornschuppen schützte. Lebte auf dem nördlichen Großkontinent Laurasia.

190 – CRYOLOPHOSAURUS
Dieser 6,5 m lange Fleischfresser lebte in den einst feuchten Wäldern der heute von Eis überzogenen Antarktis.

190 – KOTASAURUS
Der 9 m lange Pflanzenfresser hatte einen langen Hals und bewegte sich auf vier Beinen fort. Er lebte auf dem Großkontinent Gondwana.

190 – YUNNANOSAURUS
Dieser 23 m lange Pflanzenfresser hielt seine Zähne durch ständiges Aneinanderreiben messerscharf. Er lief entweder auf allen vieren oder den beiden längeren Hinterbeinen.

180 – ANCHISAURUS
Fossilienjäger glaubten zunächst, die Knochen dieses Dinosauriers gehörten zu einem riesigen vorzeitlichen Menschen. Vielmehr handelte es sich allerdings um einen zweibeinigen Allesfresser.

170 – VULCANODON
Der Name dieses Dinosauriers bedeutet „Vulkanzahn". Eines seiner Fossilien war mit den scharfen, kegelförmigen Zähnen anderer Dinosaurier gespickt, die sich an ihm gelabt hatten.

167 – CETIOSAURUS
Dieser 22 t schwere und 16 m lange Dinosaurier wurde „Walechse" genannt, weil man dachte, er lebte im Meer.

166 – MEGALOSAURUS
Der erste jemals entdeckte Dinosaurier! Da dies noch niemand wusste, glaubte man, Fossilien eines römischen Kriegselefanten gefunden zu haben. 1822 ordnete William Buckland den Knochen einem vorzeitlichen Reptil zu.

165 – SHUNOSAURUS
Der 33 m lange Sauropode schwang seine Schwanzkeule, um Angreifer zu bekämpfen.

165 – HUAYANGOSAURUS
Früher Verwandter des *Stegosaurus* mit Knochenplatten auf dem Rücken und Stacheln an Schwanzende und Schultern zur Verteidigung.

165 – PROCERATOSAURUS
Einer der ersten Tyrannosaurier. Mit 3 m Körperlänge war der fleischfressende Theropode klein für einen jurassischen Dinosaurier. Er hatte einen hornähnlichen Knochenkamm auf der Schnauze.

TRIAS | JURA

vor **240** Millionen Jahren – 220 – 200 – 190 – 180 – 170 – 165

Carnotaurus – 71 Mio. Jahren

Pachycephalosaurus – vor 68 Mio. Jahren

155 – TIANYULONG
Tianyulong war von verschiedenen „Schichten“ bedeckt und hatte lange Hohlstäbe entlang des Rückens und Schwanzes – vermutlich eine Vorstufe der Federn.

154 – BRACHIOSAURUS
Im Gegensatz zu den meisten Dinosauriern besaß dieser Sauropode längere Vorder- als Hinterbeine. Damit konnte er hoch wachsende Pflanzen erreichen. Sein Name bedeutet „Armechse“.

150 – TORVOSAURUS
Mit einer Länge 10 m und einem Gewicht von 4 t war *Torvosaurus* der größte bekannte fleischfressende Dinosaurier Europas.

131 – CONFUCIUSORNIS
Diese Dinosaurier hatten zahnlose Schnäbel. Sie waren eine frühe Form vogelähnlicher Dinosaurier bzw. Vögel.

125 – MICRORAPTOR
Alle vier Gliedmaßen dieses The[…] poden waren mit Federn bedec[…] es ihm ermöglichten, durch die […] zu gleiten. Mit seinem blauschw[…] Gefieder glich er vermutliche […] Krähen.

133 – BECKLESPINAX
Dieser Dinosaurier hatte eine Reihe Rückenfortsätze, die ein Segel oder sogar einen Buckel ähnlich den Höckern eines heutigen Kamels geformt haben könnten.

126 – IGUANODON
Dieser klotzige Pflanzenfresser war auf allen vieren unterwegs, konnte sich aber aufrichten. Er wehrte Angreifer mit dornenförmigen Daumen ab.

151 – APATOSAURUS
Dieser Sauropode war sogar noch schwerer als *Diplodocus!* Er vergor seine Nahrung bis zu zwei Wochen in seinem riesigen Magen gären, da seine Zähne zu schwach zum Kauen waren.

138 – HYLAEOSAURUS
Einer der ersten entdeckten Dinosaurier. Sein Fund half Forschern, die Existenz einer Gruppe ausgestorbener Reptilien zu etablieren, die sie „Dinosaurier“ nannten.

145 – MAMENCHISAURUS
Dieser mächtige Sauropode wurde bis zu 30 m lang, wovon allein der Hals 12 m maß.

154 – DIPLODOCUS
Mit 89 m Körperlänge gehört dieser Sauropode zu den größten Lebewesen, die jemals über die Erde wandelten – er war so lang wie ein Blauwal!

125 – YUTYRANNUS
Bisher der größte mit Federn be[…] deckte Dinosaurier. Ähnlich dem […] war er ein großer, jagender Thero[…] pode mit etwa 9 m Körperlänge.

150 – HAPLOCHEIRUS
Der 2 m lange, gefiederte Dinosaurier gehört zu den Alvarezsauridae, die den vogelähnlichen Dinosauriern bzw. Vögeln ähneln.

150 – ARCHAEOPTERYX
Dieser „Dino-Vogel“ hatte Merkmale eines Dinosauriers und eines Vogels, konnte aber nicht besonders gut fliegen! Mit flatternden Armen nutze er die Beinfedern zum Abheben.

[…] Mandarin […]". Er war […]er von […]chem

155 – STEGOSAURUS
Die Rückenplatten des 9 m langen Pflanzenfressers dienten als Schmuck oder zur Temperaturregulierung. Sein Gehirn war winzig und wog weniger als 85 g – ein menschliches Gehirn wiegt etwa 1400 g.

130 – SINOSAUROPTERYX
War von „Protofedern“ (einfachen Hohlstäben ohne Fäden) bedeckt, die ihm eine gestreifte Musterung verliehen.

[…]**URUS**
[…]ge Hals des 20 m […]nfressenden Thero[…] fast die Hälfte seines

155 – ALLOSAURUS
Wegen seiner schwachen Beißkraft nutzte der 12 m lange Theropode seine Zähne, Schädel und Nackenmuskel wie eine Sense, um Beute zu machen.

130 – POLACANTHUS
Pflanzenfresser, der Angreifer mit einer dicken, schildähnlichen Platte über der Hüfte und knöchernen Rücken- und Schwanzstacheln abwehrte.

125 – CAUDIPTERYX
Wie ein Pfau setzte dieser vogelähnliche Dinosaurier seine Schwanzfedern dazu ein, Artgenossen zu beeindrucken.

150 – OTHNIELIA
Der schnelle, zweibeinige Pflanzenfresser wurde nach Othniel Marsh benannt, einem Dinosaurierjäger, der sich einen erbitterten Wettstreit mit Edward Drinker Cope lieferte.

150 – COMPSOGNATHUS
Dieser 1 m lange Theropode war ein schneller Jäger. Kopf und Rumpf waren eher klein– der größte Teil seines Körpers bestand aus dem Schwanz.

135 – BARYONYX
Der fleischfressende Spinosauride nutzte den krokodilähnlichen Schädel mit den fein gezackten Zähnen, um an Land und im Wasser zu jagen.

130 – HYPSILOPHODON
Dieser wendige Pflanzenfresser auf zwei Beinen erhielt seinen Namen wegen der erhöhten Backenzähne, die ihm beim Zerkleinern der Nahrung halfen.

[…]vandte […]nabel, […]rupfen […]nzen.

12[…] Di[…] Rü[…] all[…]

155 150 145 140 135 130 125

Nigersaurus – vor 105 Mio. Jahren

Stegoceras – vor 77 Mio. Jahren

120 – PSITTACOSAURUS
Erwachsene Psittacosaurier ersorgten ihre Jungen nach dem Schlüpfen vermutlich mit Nahrung, indem sie mit dem papageienartigen Schnabel Pflanzen zerkleinerten.
112 – SAUROPOSEIDON
Mit einer Länge von 18 m war Sauroposeidon der größte Sauropode. Er wurde nach dem griechischen Gott Poseidon benannt, der für Erdbeben verantwortlich sein soll.
95 – ARGENTINOSAURUS
Der größte jemals entdeckte Sauropode wurde nach Argentinien benannt. Er wurde 30 m lang und wog 77 t – so viel wie zehn Afrikanische Elefanten!
92 – NOTHRONYCHUS
Lange Krallen halfen dem langhalsigen Therizinosaurier dabei, zu graben, Laub von Bäumen zu harken und sich gegen Angreifer zu wehren.
80 – HADROSAURUS
Dieser Entenschnabelsaurier war der Erste, dessen Skelett vollständig rekonstruiert und der Öffentlichkeit zugänglich gemacht wurde. Der Andrang war riesig, da niemand etwas Derartiges je gesehen hatte.
120 – OURANOSAURUS
Die langen Dornfortsätze auf dem Rücken dieses Dinosauriers formten vermutlich ein Segel, das der Partnersuche oder der Temperaturregulierung diente.
110 – IRRITATOR
Dieser 7 m lange Spinosauride ernährte sich von Fischen. Er heißt Irritator, weil die entdeckten Knochen beschädigt und schwer anzuordnen waren, als Forscher ihn zum ersten Mal untersuchten.
85 – PROTOCERATOPS
Nasenhöcker, Schädel, Schnabel und Nackenschild machten den schafgroßen Pflanzenfresser zu einem gefährlichen Gegner.
108 – SAUROPELTA
Dieser Pflanzenfresser verteidigte sich mit einem schildförmigen Körperpanzer sowie langen, spitzen Stacheln auf dem Rücken.
97 – GIGANOTOSAURUS
Der 13 m lange Theropode wog über 6,5 t. Er lebte in Argentinien und nutzte seine sichelartigen Zähne zum Erlegen der Beute, inklusive riesiger Sauropoden.
80 – ABELISAURUS
Dieser Dinosaurier gehörte zu den Spitzenräubern der südlichen Hemisphäre. Er war bis zu 10 m groß, hatte einen kurzen, kräftigen Schädel sowie winzige Arme.
113 – SCIPIONYX
Das einzige bisher entdeckte Fossil eines jungen, 20 cm großen Scipionyx war so gut erhalten, dass es sogar noch die Organe enthielt – inklusive seiner letzten Mahlzeit.
100 – NODOSAURUS
Ein in Nordamerika beheimateter Pflanzenfresser, der nicht kämpfte, sondern sich lieber hinkauerte und sich mit seiner Knochenpanzerung schützte.
5 – SINORNITHOSAURUS
nge Federn an Armen und Beinen
helten denen heutiger Vögel und
fen diesem Dinosaurier vermutlich
im Abheben und kurzem Gleiten.
110 – TENONTOSAURUS
Die Untersuchung des Knochengewebes ergab, dass sich Tenontosaurus bereits mit acht Jahren fortpflanzen konnte – viel früher als wechselwarme Reptilien, aber ähnlich warmblütigen Vögeln.
77 – STEGO
Den dicken,
setzte Stego
Kämpfen mit
starke Wirbe
Körper dabei
Rammstößen
90 – ZUNICERATOPS
Der älteste jemals gefundene behornte Ceratopsier ist mit dem späteren Triceratops verwandt. Er wurde in New Mexico entdeckt, aber seine Vorfahren lebten in Asien.
105 – NIGERSAURUS
Der kleine Sauropode hatte einen dünnen Schädel mit 100 Zähnen. Diese waren in Reihen angeordnet und ideal, um damit Pflanzen abzuschneiden, die er wie einen Staubsauger aufsog.
100 – SPINOSAURUS
Mit 18 m der längste jemals entdeckte Theropode. Er hatte ein riesiges Rückensegel, ging an Land als auch im Flachwasser auf Jagd und fraß vielleicht sogar Flugsaurier.
110 – DEINONYCHUS
Dieser kleine, schnelle, gefiederte Jäger erhielt seinen Namen wegen der „schrecklichen Kralle", die er zum Durchstoßen sowie zum Festhalten der Beute nutzte.
ARGASAURUS
rtsätze entlang des
ren die längsten
nten Sauropoden.
86 – ALVAREZSAURUS
Niemand weiß genau, wofür der 2 m lange Dinosaurier die einzelne große Kralle an seinen Armen nutzte. Vielleicht zum Öffnen von Termitenhügeln?
78 – BYRONOSAURUS
Mit dem großen Gehirn, den großen Augen sowie dem schlanken, schnell Körper war dieser gefiederte Dinosa zwar klein, aber tödlich. Seine Fossili wurden in der Wüste Gobi entdeckt.
KREIDEZEIT
120
115
110
105
100
95
90
85
80
78

Tianyulong – vor 155 Mio. Jahren

Confuciusornis – vor 131 Mio. Jahren

IOMIMUS
en Beinen konnte
s, der schnellste be-
saurier, Geschwindig-
0 km/h erreichen. Er
zahnlosen Schnabel und
Federkleid.
76 – MAIASAURA
Die Pflanzenfresser zogen ihre Jungen in großen Kolonien auf. Hunderte Skelette wurden an der Fundstätte „Egg Mountain“ entdeckt.
75 – OVIRAPTOR
Der Name dieses Dinosauriers bedeutet „Eierdieb“. Da er in der Nähe versteinerter Eier gefunden wurde, nahm man an, er hätte sie gestohlen. Vermutlich handelte es sich um sein eigenes Gelege.
75 – TROODON
Der gefiederte Dinosaurier mit den großen Augen jagte vermutlich nachts. *Troodon* hatte im Verhältnis zu seiner Körpergröße von allen nicht vogelähnlichen Sauriern das größte Gehirn.
76 – CENTROSAURUS
Der Pflanzenfresser lebte in großen Gruppen, die auf der Suche nach Nahrung umherwanderten.
76 – PARASAUROLOPHUS
Der auffällige Knochenzapfen auf dem Kopf dieses Pflanzenfressers könnte wie eine Trompete funktioniert haben, mit der er möglicherweise kommunizierte.
75 – VELOCIRAPTOR
Dieser truthahngroße, gefiederte Dinosaurier zerkleinerte mit sichelscharfen Krallen sowie gezackten Zähnen kleinere Säugetiere und Reptilien.
75 – STYRACOSAURUS
Das Nackenschild diente dem stämmigen Pflanzenfresser als Kopfschmuck, das Nasenhorn und die Stacheln als Abschreckung.
Schädel
utlich bei
in. Die
ützte den
räftigen
75 – EUOPLOCEPHALUS
Dieser 6 m lange Pflanzenfresser war von einem Panzer aus dicken Knochenplatten bedeckt. Die knöcherne Schwanzkeule war eine tödliche Waffe.
76 – CHIROSTENOTES
Der gefiederte Dinosaurier ähnelte einem dünnen, übergroßen Hühnchen. Mit langen Fingern und Krallen grub er vermutlich nach Insekten.
75 – LAMBEOSAURUS
Wie andere Hadrosaurier bewegte sich Lambeosaurus auf allen vieren fort. Musste er jedoch schnell fliehen, eilte er auf zwei Beinen davon.
72 – EDMONTONIA
Genau wie in dem Panzer heutiger Krokodile verstärkten knöcherne Kerne die stachelige Rüstung dieses Pflanzenfressers.
71 – CARNOTAURUS
Der Name des 9 m langen Räubers bedeutet „fleischfressender Stier“ und nimmt Bezug auf die beiden großen Stirnhörner.
72 – BAMBIRAPTOR
Die „süßen“ Proportionen dieses Dinosauriers erinnerten an Bambi. Das Fossil war jedoch ein Jungtier – erwachsene Exemplare waren tödliche Räuber mit sichelscharfen Krallen.
70 – TETHYSHADROS
Der Name dieses pflanzenfressenden Entenschnabelsauriers verweist auf das Thetysmeer, das einst den nördlichen vom südlichen Großkontinent trennte.
70 – ALBERTOSAURUS
Dieser fleischfressende Theropode war der Spitzenräuber seiner Tage. Er war trotz seiner Größe schnell und hatte keine natürlichen Feinde.
68 – ALAMOSAURUS
Fossilien dieses 25 m langen Titanosauriers wurden im Südwesten der USA freigelegt. Vermutlich wanderte das Tier aus Südamerika oder Asien ein.
70 – EDMONTOSAURUS
Hadrosaurier mit breitem Schnabel, der mehrere Hundert, in Reihen angeordneter Zähne zum Zermahlen der Nahrung enthielt – Reptilien können ihre Kiefer nicht seitlich bewegen.
70 – DEINOCHEIRUS
Ein 11 m langer Ornithomimosauride („Vogelnachahmer“) mit hohlen Knochen, einem Fächer aus Federn am Schwanz und einem Segel auf dem Rücken.
70 – PACHYRHINOSAURUS
Dieser 8 m lange Dinosaurier hatte einen Knochenwulst auf der Nase, mit dem bei Rangkämpfen der „Boss“ der Gruppe bestimmt wurde.
68 – PACHYCEPHALOSAURUS
Größter Vertreter der Dickkopfsaurier. Sein kuppelartig geformtes Schädeldach war bis zu 25 cm dick und wurde vermutlich zum Rammen von Artgenossen eingesetzt.
66 – K–T-MASSENSTERBEN
Ein riesiger Meteorit traf den Golf von Mexiko, wodurch massive Klimaveränderungen ausgelöst wurden und alle nicht vogelähnlichen Dinosaurier ausstarben.
1 – KRÄHE
Krähen, die intelligentesten heute lebenden vogelähnlichen Dinosaurier, können knifflige Rätsel lösen und einfache Werkzeuge herstellen.
67 – ANKYLOSAURUS
Dieser Pflanzenfresser war eher breit als hoch. Seine Verdauungsorgane arbeiteten so effizient, dass er Nahrung nicht kauen musste – sie wurde im Magen vergoren.
50 – STRAUSS
Die flugunfähigen Vögel sind die größten vogelähnlichen Dinosaurier, die bis heute überlebt haben. Mit bis zu 70 km/h sind sie auch die schnellsten.
68 – TYRANNOSAURUS REX
Mit der stärksten Beißkraft aller Landtiere (ca. 5800 kg/cm²,
ein Löwe schafft 400 kg/cm²)
konnte *T. rex* mühelos Knochen knacken.
3 – EMU
Ähnlich den ersten Dinosauriern auf zwei Beinen kann der 1,5 m große vogelähnliche Dinosaurier zwar nicht fliegen, dafür aber schnell rennen.
68 – TRICERATOPS
Pflanzenfresser mit drei Hörnern und breitem Nackenschild. Die an vielen Fossilien gefundenen Spuren weisen auf Verletzungen hin, nach denen Kämpfe zwischen Artgenossen üblich waren.
HEUTE – HAUSHUHN
Dieser vogelähnliche Dinosaurier wird heute wegen seines Fleisches und seiner Eier gehalten. Er wurde vor 5000 Jahren in Asien domestiziert.
KREIDEZEIT
KÄNOZOIKUM
76
74
72
70
68
66
0

Coelophysis – vor 200 Mio. Jahren

Megalosaurus – vor 166 Mio. Jahren